障害者家族の理解と障害者就労支援

県立広島大学での実践的試み

三原博光

関西学院大学出版会

障害者家族の理解と障害者就労支援

県立広島大学での実践的試み

三原博光

関西学院大学出版会

はじめに

　本書は、県立広島大学における障害者家族、障害者の就労支援を中心に筆者の論文をまとめたものである。

　第1部「障害者家族の問題」では、障害者の家族の実情を父親、母親、きょうだいの立場から文献、個別事例、質問紙調査結果を中心にまとめた。障害者自身を理解するには、障害者のいる家族全体の実情を知る必要があると考えた。従来、子育てに於いては中心的役割を果たしているのが母親であるため、障害者家族では母親を中心に支援が考えられてきた。しかしながら、核家族化が進み、母親だけの力で子育てを行うのが困難になってきた。母親も就労する機会が増え、父親や障害者のきょうだいからの支援がなければ、子育てと就労の両立が困難になってきたからである。そこで、家族のなかで経済的役割が中心となる父親、障害者と共に大きくなっているきょうだいの問題を、第3章で主に取り上げた。そして更に、高齢社会になってきた現在、知的障害者の高齢化問題は、家族や施設職員にとって切実な問題であると思われるので、第4章で取り上げた。

　第2部「障害者の就労支援」では、障害者の就労支援の実態を中心に論文をまとめた。2006年、障害者自立支援法（2013年からは、障害者総合支援法）施行以降、障害者の社会的自立が重視され、障害者の雇用・就労支援が主張されてきた。筆者は2009年、広島県三原市の「障害者雇用就労支援あり方検討会」の委員長に就任し、三原市の障害者の雇用・就労支援に取り組んで来た。そして、三原市内の一般事業所における障害者の雇用、中国・四国地区の知的障害者施設の就労実態をアンケート調査で実施し、調査報告を第5章の第2節、第3節でまとめた。

　第6章「大学における障害者支援活動」では、筆者が委員長の職務時、障害者就労支援のために重要な事は実践活動であると考え、県立広島大学の食堂における知的障害者の就労体験の取組を行い、その事例報告を第1節でまとめた。そして、この実践活動を踏まえて、将来、大学における知的障害者の雇用を目的とした障害者の就労支援に対する学生の意識調

査の結果を第 2 節で報告した。第 3 節では、障害者の就労支援と障害者への啓蒙的活動として、地域の障害者と学生が共に参加するドイツ菓子講習会の活動を紹介した。そして更に、第 4 節では、大学という高等教育機関における地域の障害者の余暇支援を目的とした学生によるビーチボールバレー・食事交流会活動の内容をまとめた。

最後の第 7 章では、21 世紀の障害者福祉の展望について、近年、ノーマライゼーションの理念から一歩進んだと言われているインクルージョンの視点から述べた。そして、障害者へのインクルージョンという視点から、大学を効果的に利用し、地域の障害者福祉に貢献する役割について述べた。

筆者が約 30 年間、取り組んできた障害者家族の問題と障害者就労支援の実践報告が、障害者の家族や障害者施設関係者にとって、少しでも将来への希望と障害者福祉の方向性を示すものになればと願っている。

本書の出版にあたり、筆者の障害者福祉に対する思いを理解して下さり、出版まで暖かく見守って下さった関西学院大学出版会田中きく代理事長に感謝する次第です。

2015 年 7 月吉日

目　次

はじめに ……………………………………………………………… 3

第1部　障害者家族の問題 ──────────── 9

第1章　父親の問題 ………………………………………… 11

第1節　父親に関する研究動向　11
第2節　父親の事例　13
　1　重度知的障害の息子を持つ鈴木和夫（55歳）氏の事例
　2　自閉症の娘を持つ田中義男（62歳）氏の事例
第3節　父親の意識調査　23
　1　調査対象
　2　調査方法
　3　調査内容
　4　倫理的配慮
　5　分析方法
　6　調査結果
　7　考察
　8　結語

第2章　母親の問題 ………………………………………… 43

第1節　母親に関する研究動向　43
第2節　母親の事例　45
　1　小脳失調症児の娘を持つ高橋里子さん（33歳）の事例
　2　発達障害児の息子を持つ原淳子さん（43歳）の事例
第3節　母親の育児（障害児ときょうだい）意識調査　52
　1　調査対象
　2　調査方法
　3　調査内容
　4　倫理的配慮
　5　分析方法
　6　調査結果
　7　考察

第3章　きょうだいの問題 …………………………………… 65

第1節　きょうだいに関する研究動向　65
 1　きょうだいの性別と順序
 2　障害の程度と種類
 3　家族の規模
 4　障害者との同居と別居（入所施設で生活している場合等）
 5　両親の態度

第2節　きょうだいの事例　69
 1　2人の自閉症の兄を持つ木村由美さん（24歳）の事例
 2　親亡き後、知的障害の姉の世話をする竹下緑さん（42歳）の事例

第3節　きょうだいの意識調査　78
 1　調査概要
 2　調査結果及び考察
 3　全体的考察

第4章　障害者家族における知的障害者の高齢化問題　95

第1節　知的障害者の高齢化動向　95
第2節　知的障害者の高齢化に対する親の意識　97
 1　調査対象者
 2　調査方法
 3　調査内容
 4　データの分析方法
 5　調査結果
 6　考察

第3節　障害者福祉施設における早期老化及び高齢知的障害者の事例　103
 1　佐藤稔（62歳）氏の事例
 2　安部茂夫（53歳）氏の事例
 3　大田誠（52歳）氏の事例
 4　事例全体の特徴について

第2部　障害者の就労支援 ──────── 113

第5章　障害者の就労支援の実態 …………………………… 115

 1　障害者家族の立場（父親、母親、きょうだい）
 2　障害者福祉の今後の方向性

第1節　障害者の就労動向　117
第2節　三原市内の一般事業所における障害者雇用の意識　118
　　1　はじめに
　　2　調査方法
　　3　調査内容
　　4　調査結果
　　5　考察
第3節　中四国地方の障害者施設の就労実態　125
　　1　はじめに
　　2　調査方法
　　3　調査内容
　　4　分析方法
　　5　調査結果
　　6　考察
　　7　結論

第6章　大学における障害者支援活動　137

第1節　大学の食堂における知的障害者の就労体験の取組　137
　　1　はじめに
　　2　就労体験の方法
　　3　就労体験の結果
　　4　考察
　　5　課題
第2節　大学生の障害者の就労に対する意識　146
　　1　はじめに
　　2　調査方法
　　3　調査内容
　　4　調査結果
　　5　考察
第3節　大学におけるドイツ菓子講習会を通して障害者就労支援　154
　　1　はじめに
　　2　方法
　　3　調査結果
　　4　考察
　　5　結論
第4節　大学でのビーチボールバレー・食事交流会による地域の障害者家族
　　　　への余暇支援　167

　　　　1　はじめに
　　　　2　方法
　　　　3　調査結果
　　　　4　考察

第7章　障害者福祉の展望…………………………183

　第1節　障害者福祉の実践的取組から見えてくるもの　　183
　　　　1　ノーマライゼーションからインクルージョンへ
　　　　2　障害者のインクルージョンとは
　第2節　障害者のインクルージョンを目指した大学の障害者支援活動の利
　　　　点　　186
　　　　1　障害者を理解し、支援するマンパワー（教職員・学生）の存在
　　　　2　障害者福祉に関する専門的知識・技術の利用
　　　　3　学生と教職員に対する社会福祉教育
　　　　4　知的障害者家族団体などとの連携及び支援

おわりに …………………………………………191
索　引 ……………………………………………193

第1部
障害者家族の問題

第1部では、障害者家族のなかで、障害者の父親、母親、きょうだいの具体的事例と質問紙調査結果を紹介する。

第1章

父親の問題

　ここでは、まず障害者の父親の研究について、文献を通して述べる。これによって、障害者家族のなかで、父親の状況が明らかにできると思われる。

第1節　父親に関する研究動向

　過去、障害児家族に対する調査は、主に障害児と母親の親子関係に焦点が当てられ実施されてきた。それは、母親の育児意識やストレス問題の調査報告、母親の悩みの軽減を目的としたケースワークの事例などの文献報告に見られる（稲浪ほか 1980；稲浪 1982；今川ほか 1993；Nurse 1972；中塚・蓮郷 1989；新美・植村 1985；Polansky et al. 1971）。このような傾向の背景には、子どもの主たる養育者が母親であり（及川・清水 1995；山下 2003）、障害児家族の心理的安定には、母親のストレスの軽減が重要であるという考えがあると思われる。一方、障害児の父親については、子育ては母親に任せているなどの理由に加えて、過去、父親の調査の拒絶によって、調査の実施が困難であった点も指摘されている（中根 2006）。そこで、障害児の父親は、主にお金を稼ぐ経済的支援者として役割を担っていると考えられてきた（Traustadottir 1991）。しかし、今日、核家族化が進む現代社会等のなかでは、障害児の子育ては、父親や地域からの協力を得なければ、母親の力だけでは、障害児家族の問題解決は困難になってきている。近年、発達障害児の母親の育児ノイローゼによる子どもの殺害事件を考えると、父親の子育てへの協力は不可欠である。2000年代に入

り、障害児の父親を対象とした調査報告が数々みられるようになってきた（藤本ほか 2005；中根 2006；澤江 2000；土屋 2003；田中 2006；小島・田中 2007；田中 2007；山下 2003；横山ほか 2004；吉野・草野 2002）。その調査報告の特徴をまとめて見ると、①重症心身障害児の父親の育児体験（藤本ほか 2005；田中 2007）、②ダウン症児の診断告知時における父親の行動（山下 2003；吉野・草野 2002）、③障害児の父親の育児意識（澤江 2000；Traustadottir 1991；小島・田中 2007）、に分類される。①重症心身障害児の父親の育児体験の報告では、重度の障害のある子どもの養育に対する父親の積極的な関わりが、母親の心理的負担を軽減することが指摘された。②ダウン症児の診断告知時における父親の行動では、母親に対する父親の冷静な対応が母親の心理的サポートになることが報告された。③障害児の父親の育児意識では、質問紙調査を通して、障害児の父親は子どものしつけに直接かかわるよりも、母親の子育てに対する精神的サポートの重要性が指摘された。その他、健常児の夫婦と障害児の夫婦の役割の比較調査では、障害児の父親は健常児の父親よりも子どもの世話や家庭内での雑事（布団をしく、庭の掃除をするなど）に対して協力的であることが示されたが、母親の父親に対する主な期待は、子どもの世話よりも家庭内での雑事への協力にあったことも報告された（中塚・蓮郷1989）。

　なお、障害者家族の調査のなかで、障害児の年齢については、子どもが4、5歳の時、母親は子育てに追われ、最もストレスを感じるが、就学後、子どもは安定し、ストレスが減少してくると報告されている（中塚・蓮郷 1989）。つまり、障害児の年齢が高くなるに従い、親のストレスは減少してくるのである（新見・植村 1985）。出生順位については、最初の子どもが障害児の場合、両親は次の子どもを持つとき、再び、障害児が産まれるのではないかと不安になると言われている（三原・松本ほか 2009）。障害児のきょうだいについては、最初の子どもが障害児の場合、両親は障害児の世話に追われ、きょうだいの弟や妹に十分な注目・関心が与えられず、きょうだいが辛い思いをしているということが報告されている（三原 2000）。母親の仕事の有無については、重度障害児の母親は、軽度障害児の母親に比べて仕事に従事していない状況が指摘されている（松本・三原

ほか 2007)。この様な報告のなかで、障害者の父親の生活意識については、ほとんど報告されていない。その理由として、過去、障害児の父親は、家族のなかでお金を稼ぐ経済的支援者として役割を担っていると考えられてきたからである（Traustadottir 1991；中根 2004、2006）。

第2節　父親の事例

ここで、障害者の父親の個別事例を紹介する。この個別事例を通して、障害者の父親の具体的な意識が明らかにされると思われる。なお、本書で紹介される個別事例の人物名は全て仮名である。

1　重度知的障害の息子を持つ鈴木和夫（55歳）氏の事例

家族構成：知的障害者長男一郎（25歳）、父親和夫（55歳、会社員）、母親ひとみ（53歳、パート勤務）、妹あゆみ（22歳）、弟隆（20歳）。面接日時は2008年8月である。

1）出産時の様子
父親の和夫氏は、一郎氏の出産時の様子を次のように述べている。

　予定日より少し早く生まれ、生まれてきた時、産声がありませんでした。最初に子どもの顔を見た時、顔色が悪かったと思いました。待望の最初の子どもだったため、そのとき障害があるのかもしれないと思いましたが、認めたくないという思いが強かったです。仕事が終わると、帰りに毎日のように病院へ行き、子どもと妻の顔を見るという日々でした。

子どもの障害を心配しながら、仕事に向かう父親の姿が示されている。次に子どもの障害が分かったときの心理的状態を和夫氏は、以下の様に述べている。

14　第1部　障害者家族の問題

　子どもに障害があると分かったのは、生後3-4カ月経ってからでした。首の据わりが悪い、目線が合わないといったことがあり、少しおかしいなと感じました。夜泣きも激しく、泣きやまない日々も続きました。障害の診断を受けたのは、出生、半年後です。F市の病院に行き、発達遅滞だと言われました。言われた時はショックでした。障害があるなんて思いたくない、少し発達が遅れているだけだろう、どのようにすれば、健常な子どもと同じような発達が取り戻せるのだろうか、同じように成長できるのだろうかという思いでいっぱいでした。

2）家族について

　和夫氏は、長男の一郎氏の障害が分かり、祖父母との家族で子育ての状況を次のように述べている。

　　父と同居をしていたため、父にも協力してもらいながら、家族ぐるみで子育てをしました。父がいることは、助かる反面、妻にはストレスになる部分もあり、難しい問題でした。

　次にきょうだいのあゆみさんについて次のように述べている。

　　妹のあゆみは、きょうだいの中でも親の愛情や思いを十分に受けていない時期がありました。弟の隆は末っ子ということもあり、甘えた所があったと思います。あゆみが中学生の頃に、そのことに母親である妻が気づき、あゆみの思いを受け止めました。今では、きょうだいが長男の一郎を大切にしてくれ、嬉しく思っています。

　以上の説明から、障害を持つきょうだいの問題で、他の健常なきょうだいに危機的状況が生じたが、両親の対応により、危機的状況を乗り超えたことが分かる。
　次に、和夫氏は育児や家事などで父親の協力の大切さを述べている。

昔は仕事ばかりして家庭を顧みませんでしたが、7、8年前に妻の交通事故をきっかけに私自身の生活が変わりました。妻は3カ月ほど入院しました。その間、私は仕事をしながら、家事やお弁当作り、子どもの塾の送り迎え、病院へ妻の様子を見に行くなどを1人で行いました。

母親が家庭で不在のとき、父親の役割の大切さを和夫氏は以下に述べている。

子ども達の反抗期の時期と重なっていたため、子ども達との葛藤に大変な思いをしました。仕事をしながら子どもの世話等をしなければいけない状況であり、障害のある長男の一郎の世話は難しいので、その間、一郎を知的障害者施設に短期入所させました。その時の交通事故で妻には、首の痛み、身体のだるさ、しびれなどの症状が残り、現在でもはり灸に通っています。

3）障害者の親の会について

父親の和夫氏は、同じ様な障害児家族との出会いの利点を以下の様に述べている。

父親の方は仕事の接点しかなく、家に帰ったら、子どもの世話をする生活をしていたため、人とのつながりは、妻任せでした。しかし、障害者の親の会を通して、他の障害者の親達とのつながりを持つことで、色々なものが見え、様々な情報を年輩の障害者の親達から得ることができました。

和夫氏は、障害者の父親の会の取り組みの経緯を次のように触れている。

社会福祉協議会事務局長から、「講演会などにも参加するのは母親のみで、父親は出てこない。母親だけでなく父親も障害の子ども達のた

めに頑張って欲しい」と話があり、それがきっかけで、障害者の父親の会を立ち上げました。

障害児の父親の会の特徴について、次のように述べている。

> 障害者の父親の会の仲間とは利害関係などなく、月に一度会い、たあい無い話や、行事について話をしたりするので、別にプレッシャーはありません。このような関係は良いなぁと改めて感じます。職場では、仕事や人間関係でストレスが溜まってしまいますが、障害者の父親の集まりでは、ストレスも溜まらず良いなと感じています。

4）障害者の息子の一郎氏を持って辛かった・良かった点

和夫氏は、障害を持つ息子の一郎氏を持って辛かった事を次のように述べている。

> 若い頃、一郎と一緒に出掛けたとき、他の人々から見られたくないという気持ちがありました。病院で、待っている間など、奇異な目で子どもを見る他の人々からの視線に対して、父親として試されていると思いました。

一方、和夫氏は、一郎氏から学んだ良かった点を次のように述べている。

> 一郎から学んだことは、色々な人々とのつながりが大切だという点です。一郎を連れて施設の行事などに行くと、一郎を通して多くの人々と知り合うことができました。このような利害関係のない人間関係を大事にしていきたいと思っています。

和夫氏は、一郎氏の将来について次のように述べている。

> 父親の私が亡くなった後の一番心配な点は、何よりも一郎のことです。

現在、一郎は、障害者支援施設に入所しています。10年、20年後のことを考えると、自分も70歳、80歳になります。その時に、一郎がどうなるのだろうかという子どもの行く末に不安、心配があります。

5）鈴木和夫氏の事例について

和夫氏が父親として、子育てや家事の問題に目を向けるようになったのは、母親のひとみ氏が交通事故で入院し、子育てや家事を協力するようになってからである。和夫氏は、一郎氏の障害について、出産時、辛い体験をし、また、他の人々の視線を感じ、悩むことがあった。しかし、障害者の父親の会などを通して障害者との交流を持ち、励ましや支援を受け、障害者問題や自分の生活を前向きに考えるようになった。和夫氏の事例から、子どもの障害を通して、様々な問題を抱えていたとしても、他の障害者家族などの支援を受ければ、苦しみも和らぎ、前向きに生活ができることが理解できよう。

2　自閉症の娘を持つ田中義男（62歳）氏の事例

家族構成：父親義男62歳（知的障害者更生施設長）、母親良子56歳、長女恵子（自閉症33歳、知的障害者更生施設入所）、次女美鈴（30歳）、三女洋子（26歳）。面接日時は2008年9月である。

1）出産時のこと

義男氏は、自閉症の娘の恵子さんの出産時の異常について次のように述べている。

> 恵子は出産時、異常はなく、体重など健康状態にも全く問題はありませんでした。8、9カ月になり、そろそろ立つだろうか、歩くだろうかという時に、上手に歩くことができていないようでした。1、2カ月遅れで立つこともできたし、問題はないと思っていました。しかし、言葉がなく、行動に異常を感じました。

18　第1部　障害者家族の問題

　義男氏は不安となり、近所の小児科医で診察を受けたが、問題ないと診断を受けた様子を次のように述べている。

　　まさか自分の子が知的障害や自閉症だと思ったわけではなく、少しおかしいなと思った程度でした。まず近所の小児科医院へ連れて行きました。医師は、「世の中には成長の早い子も遅い子もいるし、あなたのお子さんは、少し遅いけれど全く問題ない」と言われました。しかし、その後、歩くことができるようになってからは、意味のない行動が見られ、おかしいなと感じました。

　近所の小児科医から、恵子さんは問題ないと診断されたが、更に問題行動が続いたことを述べている。

　　2歳頃に原因不明の高熱が出て入院しました。入院中は、理由が分からない夜鳴きをしたり、抱っこを嫌がり、あやしているのに泣き止まないなど、今考えると自閉症の特徴のような症状が見られ、対応にとても困りました。

　最終的に大学病院で自閉症だという診断を受け、その後、冷静に恵子さんに対応できたことを次のように述べている。

　　3歳頃に、大学病院の医師から自閉症であると診断をされました。診断された後、自閉症について理解できないことがあり、様々な病院へ行き、最先端の医療を求め、治療や診断を行ってもらいました。しかし、どの医師からも同じ自閉症の診断を受け、治療法がないことも分かりました。そして、最後は教育しかないと考え、自閉症児の親の会へ入りました。

2）娘の恵子さんが自閉症と診断されて
　義男氏は、医師に対する不信を次のように述べている。

> 子どもの障害に対するショックは、ありませんでした。しかし、医師の態度には、理解が出来ませんでした。医師に「あなたの子どもは知的障害です」と冷たく言われ、人の子どもを勝手に障害者にするなと思いました。医学的治療で治せなくても、教育で改善できる手段があるのではないかと考え、それで頑張れるように思いました。

そして、同じような自閉症を持つ親の人達との交流を考えるようになった経緯が述べられている。

> 自分以外にも、藁にもすがる思いで自閉症の親の会に参加している家族がおり、自閉症の子ども達は恵子の友達だと思い、皆で協力して何かしようということになりました。仕事は土・日曜日が休みだったので、親の会の活動に参加し、夏休みはキャンプに連れて行くなど、時間が許す限り、子ども達と関わるようにしました。

3) きょうだいについて

最初の恵子さんが自閉症であったので、次の子どもを持つことに不安であったことを義男氏は、次のように述べている。

> 自閉症の恵子の後、次の子どもを産むことに対しては、不安でした。特に妻は不安を感じている様子でした。次女の美鈴は年子だったので分からなかったのですが、三女の洋子の時は、障害を持って産まれるのではないかと大変悩みました。

義男氏は、自閉症の恵子さんの世話に追われ、きょうだいの世話ができなかったことを次のように述べている。

> 恵子の世話にかかりきりとなり、他のきょうだい達を旅行に連れて行ったり、一緒に出かけたりが少なかったと思います。私が健常なきょ

うだい2人を連れ、出かけるようにはしましたが、仕事の都合もあり、他の一般の家族の子ども達と比べて、外出の機会は少なかったと思います。

だが、きょうだいの世話ができなかったことが、逆にきょうだい達の自立心を育てたことを以下に述べている。

両親が恵子の世話にかかりきりになったので、きょうだい2人は自分の力で解決するようになりました。小学校の時は、きょだい達はよく友達を連れてきていたし、恵子が障害を持っていることを知った上で、たくさんの子ども達が、わが家に遊びに来ていました。

そして、自閉症の恵子さんの存在が、きょうだいの職業にも影響を及ぼしていることを次のように述べている。

現在、妹の1人は高齢者福祉施設へ勤めており、他の妹は看護学校へ通っています。きょうだい2人が選んだ医療福祉の職業を考えると、恵子の存在は妹達の進路に大きな影響を及ぼしたのではないかと思います。

4）恵子さんの学校生活について

義男氏は恵子さんの小学校教育に関して、以下のように述べている。

障害児でも、統合教育が大切であるという考えから恵子を普通小学校へ入れることにしました。しかし、普通学級は難しいので、普通小学校の特殊学級に通いました。当時の特殊学級の先生は、知的障害や重度心身障害などに対しては責任を持って教育をしてくれました。ところが、自閉症児に対しては、他の子とは少し違うやり方をしなければならず、小学校3年生までは普通学校へ行き、4年生から養護学校へ変わりました。

義男氏は、養護学校のなかで自閉症児に対する特別な教育支援の取り組みを行ったことを次のように説明している。

　　養護学校では恵子以外にも、たくさんの自閉症児が通っているのを知りました。私は自閉症児の親ということで自分自身から積極的に学校と協力し、先生に自閉症の特徴や接し方などについて説明をしました。自閉症の子ども達が学びやすい教育環境を先生と協力して作ったことは、良い思い出になっています。

5）辛かったこと
義男氏は、障害児を持つ家族内の大変さを次のように述べている。

　　精神的に疲れたとはあまり感じたことはありませんでした。しかし、肉体的に大変でした。仕事で徹夜や出張があったりする中、父が年を取ったので、畑仕事をしたり、そのうえ妻が仕事をしていた時期は子育てもあるし、全てやらなければならない状況でした。

特に義男氏は、仕事の辛さを次のように述べている。

　　辛かったのは、世の中が不景気で仕事がなく会社で暇な時でした。子どものことが大変だったというよりは、勤めている会社で仕事が徐々になくなり、会社の業績に赤字がでることの方が辛かったです。

義男氏は、仕事と恵子さんの子育ての比較を述べている。

　　恵子が障害を持っていたとしても、子育ては一つやれば一つやっただけプラスになります。しかし、私にとって仕事がないという時期の方が本当に辛かったです。働いて経済的に家族を支えているものがあれば、忙しくてもその時は辛いとは思いません。

6) 障害者の父親の問題について

　義男氏は、自閉症者施設建設の取り組みについて、父親の役割について次のように紹介している。

> 普通、どこの施設でも父親が出席する保護者会はありませんでしたが、恵子が通う施設の保護者会は父親の参加者が多いです。当初、自閉症者のために施設を作ろうと言い出したのは母親達でした。本気で施設設立をしようと思うのであるならば、母親だけでは難しいと思い、父親も協力しなければならないと言いました。そうしたらおどろいたことに、逆に施設設立準備委員が全員父親になってしまいました。正式に施設設立運動が動き出した時には全員父親が委員となっていました。

　義男氏は障害者福祉を進めるなかで父親の役割の重要性について、次のように述べている。

> 父親が行動すると感情に流されないと思います。わが子に対してこの子が可愛いと思うだけでなく、どうやれば支援できるかという現実的なことをしっかり考えながら進めますので、障害者の父親の働きかけで、我々の自閉症者の施設ができたと思います。

7) 田中義男氏の事例について

　田中義男氏の事例も、前事例の鈴木和夫氏の事例のように、恵子さんの問題行動があったとしても、なかなか明確な医学的診断を受けられず、悩んできたことが分かる。また、義男氏は、家族内の経済的働き手としての役割を持ちながら、恵子さんの教育や他の自閉症の親達と積極的に関わりながら、自閉症者の施設建設に取り組んで来た。義男氏が家庭、仕事に様々な問題を抱えながら、問題を解決し、他の親達と協力しながら、施設作りを行ったことは、義男氏自身の自己実現が達成されたと考えられよう。

第3節　父親の意識調査

　前章では、障害者の父親の個別事例を通して、障害者の父親の障害を持つわが子や家族の思いを知ることができた。本節では、障害者の父親の意識についての質問紙調査結果を報告する。

1　調査対象

　調査実施にあたり本研究への調査協力を得る必要があることからも、日頃より障害者の支援活動に関っているA県、B県、C県の3県の障害者施設および団体に調査依頼した。協力が得られたN市・T市・O市・K市・S市の五つの知的障害者育成会を含む施設・団体（有意抽出）を利用している父親を調査対象としている。

2　調査方法

　調査は、障害者の父親の意識を把握するための質問紙調査を実施した。質問紙調査は、調査協力の承諾を得た施設および団体の代表を通して配布した。またその回収には各施設および団体に留め置きによる回収と返信用封筒を用いた郵送法の併用にて行った。そして、配布部数は550部、回答者の居住地域は32市町村地域であった。その結果、341名から回答を得た。回収率は62.2％であった。調査期間は2007年8月から2008年10月までの1年2カ月であった。

3　調査内容

　質問紙による調査項目は、①子どもの障害についての告知、②育児・家事問題、③学校・施設行事への参加、④職場での状況、⑤ストレスの解消、⑥障害児を持ったことによる良い点・辛い点、⑦社会に対する気持ち、⑧行政への期待、⑨対象者属性（年齢、職業、妻の仕事の有無、居住場所）、障害者属性（年齢、性別、出生順位、障害の程度、日中生活場所）であった。

4 倫理的配慮

質問紙は、無記名であること、統計的処置を施し個人が特定されないこと、研究以外の目的に使用されないこと等の記述により、倫理的配慮をした。

5 分析方法

質問紙調査により回収したデータは、単純集計で全体の状況を把握するとともに、以下の要因で有意差検定を実施した。

まず、障害児の年齢別（18歳以下・19歳以上[注2]）、出生順位（第1子・第2子後）、妻の仕事の有無（働いている・働いていない）ごとの分析を試みた。また各グループの比較を目的としていることからt検定による有意差検定を施した。各質問項目の回答は、4段階の選択肢もしくは2項（ある・なし、した・なし）による回答を求めている。

次に障害の程度（重度・中度・軽度）と父親の年齢（50歳未満、50歳代、60歳代、70歳代）、で分散分析を実施した。ここで、分散分析をした理由は、障害の程度や父親の年齢が知的障害児の育児や社会に対する気持ちなどの結果に影響を及ぼすのではないかと考えたからである。

6 調査結果

1）対象者の属性

341名の父親（34歳から81歳）から回答を得た（表1-1）。年齢は、50歳代以上275名（66.5％）であった。職業は、サラリーマンが145名（42.6％）、自営業が49名（14.4％）、年金生活者が91名（26.8％）であった。220名（66.5％）の妻は働いていなかった。障害程度は、重度が236名（72.0％）と最も多かった。障害の子どもの年齢は、216名（74.2％）が19歳から49歳までであり、学齢児は38名（13.1％）であった。障害者の日中生活場所は、163名（48.1％）が自宅から通える通所施設であった。

表1-1 調査対象者の基本属性

項　目		n	%
記入者年代	30歳代	11	3.2
	40歳代	55	16.1
	50歳代	106	31.1
	60歳代	97	28.4
	70歳代以上	72	21.2
記入者職業	サラリーマン	145	42.6
	自営業	49	14.4
	パートタイマー職員	9	2.6
	無職	23	6.8
	年金生活	91	26.8
	その他	23	6.8
妻の仕事	働いている	111	33.5
	働いていない	220	66.5
妻の仕事（正規職員・パートタイマー）	正規職員	25	24.0
	パートタイマー	79	76.0
障害児年齢	未就学	5	1.7
	小学生	22	7.6
	中学生	16	5.5
	高校生	28	9.6
	19-29歳	88	30.2
	30-39歳	96	33.0
	40-49歳	32	11.0
	50-59歳	4	1.4
障害児性別	男	193	66.1
	女	99	33.9
障害児の出生順位	第一子	144	48.6
	第二子	103	34.8
	第三子	43	14.6
	第四子	6	2.0
障害程度	重度	236	72.0
	中度	68	20.7
	軽度	24	7.3
障害児日中生活場所	通所授産施設	115	34.9
	通所更生施設	48	14.5
	入所更生施設	40	12.1
	入所授産施設	21	6.4
	自宅	61	18.5
	その他	45	13.6

2) 子どもの障害についての告知

①子どもの障害について誰から聞いたのか

医師197名（59.3％）、妻105名（31.6％）、母親7名（2.1％）で、6割弱が医師から障害の告知を受けた。

②子どもの障害について知ったときの気持ちについて

「非常にショックであった」と「少しショックであった」があわせて324名（96.7％）となり、9割が「ショックである」と回答していた。仕事をしていない妻の父親が、子どもの障害を知った時、ショックを受けていた（t=2.411, p<.05）。なお、障害児の年齢別（18歳以下・19歳以上）、出生順位、妻の仕事の有無の要因による分析した結果は、それぞれ表2、3、4で示されている（表1-2、1-3、1-4）。

表1-2 障害児年齢別にみた父親の生活意識の比較

項目	18歳以下			19歳以上			t値
	n	平均値	SD	n	平均値	SD	
(1) 子どもの障害を知った後、落ち着いて仕事ができたか	69	2.71	.842	208	2.49	.716	2.113*
(2) 学校行事や施設行事に参加したか	71	1.89	.871	213	2.18	.976	-2.270*
(3) 職場で子どもの問題で同僚（上司）へ相談したか	68	1.24	.427	208	1.39	.489	-2.489*
(4) ストレスの解消（妻との会話）	70	.61	.490	209	.47	.501	2.066*
(5) 障害者の働く場の確保を期待する	71	1.24	.492	188	1.53	.734	-3.625***
(6) 障害児を持たれて良いことがあったか	66	2.02	.794	212	2.33	.840	-2.695**
（良い理由）(a) 他の障害児家族や多くの人々と知り合えた	60	.50	.504	203	.35	.478	2.052*
（良い理由）(b) 人の優しさを知ることができた	60	.45	.502	202	.27	.446	2.469*
(7) 障害児を持たれて辛いことがあったか	68	1.62	.647	205	1.87	.696	-2.670**
（辛かった理由）(a) 子どものしつけで悩んだ	69	.59	.495	203	.31	.462	4.260***

* p<.05 ** p<.01 *** p<.001

項目の測定尺度と点数化はそれぞれ次の通りとした。
(1)「1. 非常に落ち着いてできた～4. 手につかなかった」、(2)「1. よく参加する～4. 全く参加しない」、(5)「1. 非常にそう思う～4. 全く思わない」、(6)・(7)「1. 非常にあった～4. 全くなかった」の4段階尺度で選択肢の素点をそのまま点数化した。
(3)「1. した、2. なし」(4)、(6)(a)・(b)、(7)(a)「1. ある、0. なし」とするダミー変数を用いて点数化した。

表 1-3　障害児の出生順位別にみた父親の生活意識の比較

項　目	第 1 子			第 2 子後			t 値
	n	平均値	SD	n	平均値	SD	
(1) 社会は障害者に対して親切である	130	2.89	.587	136	2.68	.652	2.742**
(2) 社会的問題をよく考えるようになった	133	.30	.460	133	.19	.392	2.151*

* p<.05　** p<.01　*** p<.001
項目の測定尺度と点数化はそれぞれ次の通りとした。
(1)「1. 非常にそう思う～4. 全くそう思わない」の 4 段階尺度で選択肢の素点をそのまま点数化した。
(2)「1. ある，0. なし」のダミー変数を用いて点数化した。

表 1-4　妻の仕事の有無にみた父親の生活意識の比較

項　目	働いている			働いていない			t 値
	n	平均値	SD	n	平均値	SD	
(1) 子どもの障害について知ったときの気持	111	1.40	.592	213	1.24	.480	2.411*
(2) 子どもの障害の診断後、子どもについて妻と話をしたか	108	1.83	.743	209	1.64	.715	2.294*
(3) 育児について妻とよく話をしたか	111	2.05	.784	209	1.82	.718	2.709**
(4) 誰が助けてくれたか： 　(a) 他の障害児家族	111	.12	.323	217	.21	.406	-2.188*
(5) 誰が助けてくれたか： 　(b) 同僚（上司）	111	.01	.095	217	.04	.200	-1.994*
(6) 社会などに援助を期待している	102	1.76	.869	201	2.02	.812	-2.468*
(7) 母親の働く場の確保を期待している	95	1.79	.874	188	2.33	.929	-4.710***
(8) 子どものしつけで悩んだ	102	.49	.502	210	.31	.465	2.971**

* p<.05　** p<.01　*** p<.001
項目の測定尺度と点数化はそれぞれ次の通りとした。
(1)「1. 非常にショックだった～4. 全くショックはなかった」、(2)・(3)「1. よくあった～4. 全くなかった」、(6)(7)・(8)「1. 非常にそう思う～4. 全くそう思わない」の 4 段階尺度で選択肢の素点をそのまま点数化した。
(4)・(5)(8)「1. ある　0. なし」のダミー変数を用いて点数化した。

③子どもの障害について、祖父母の反応（父方）

「同情してくれた」218 名（68.8％）、「分からない」63 名（19.9％）、両親（父親・母親）に対して「文句を言った」24 名（7.6％）であり、6 割強は「同情してくれた」と回答していた。

④子どもの障害についての診断後、妻と障害について話しをしたか

「話しをした」289 名（88.1％）、「話しをしなかった」39 名（11.9％）で

あり、9割弱は妻と子どもの障害について話をしていた。妻が仕事をしていない場合、父親は子どもの障害についての診断後、妻とよく話をしていた（t=2.294, p<.05）。

3) 育児・家事問題
①障害のある子どもの育児について妻とよく話しをしたか

「話をした」が270名（81.6％）であり、8割は「話をした」と回答していた。ここでも、妻が仕事をしていない場合、父親は育児について妻とよく話をしていた（t=2.709, p<.01）。

障害程度に有意差が見られ、中度の障害のある子どもの父親は、育児について妻とよく話をしていた（F=3.351, p<.05）。なお、障害程度別、父親の年齢別分散分析結果は、それぞれ表5、6に示されている（表1-5、1-6）。

②日頃、障害のある子どもの育児に参加しているか（参加したか）

「参加している」207名（62.8％）、「参加していない」124名（37.4％）

表1-5 障害度別分散分析結果（5％水準以下の項目のみ）

項目	全体			重度		中度		軽度		障害度別	
	N	平均値	SD	平均値	SD	平均値	SD	平均値	SD	F値	p.
(1) 育児について妻とよく話をしたか	325	1.90	.734	1.88	.719	1.81	.758	2.25	.737	3.351	*
(2) 友人との会話	318	.09	.293	.08	.276	.17	.378	.00	.000	3.604	*
(3) 他の知的障害児家族との会話	324	.12	.322	.09	.292	.23	.422	.04	.204	5.249	**
(4) 社会的問題をよく考えるようになった	298	.24	.431	.23	.424	.34	.479	.05	.224	3.879	*
(5) 家族での外出が制限された	308	.34	.474	.39	.490	.17	.378	.27	.456	6.053	**
(6) 周囲の冷たい視線や無理解を感じた	308	.42	.494	.48	.501	.31	.465	.14	.351	7.190	***
(7) 知的障害者の働く場の確保	291	1.47	.706	1.54	.738	1.29	.589	1.29	.561	3.648	*

* p<.05 ** p<.01 *** p<.001
項目の測定尺度と点数化はそれぞれ次の通りとした。
　：(1) 1.よくする～4.全くしない、(2)～(6) 1.ある　0.なし、(7) 1.非常にそう思う～4.全くそう思わない

表1-6 父親の年齢別分散分析結果（5%水準以下の項目のみ）

項目	合計			-49歳まで		50-59歳		60-69歳		70歳以上		年齢別	
	N	平均値	SD	平均値	SD	平均値	SD	平均値	SD	平均値	SD	F値	p.
(1) 同僚（上司）への相談	322	1.36	.482	1.22	.417	1.27	.446	1.41	.494	1.58	.497	8.593	***
(2) 外出をする	337	.14	.347	.12	.329	.21	.412	.12	.331	.07	.258	2.671	*
(3) 知的障害児を持たれて良いことがあったか	325	2.24	.835	2.02	.772	2.21	.808	2.31	.773	2.42	.972	2.809	*
(4) 人の優しさを知ることができた	309	.31	.462	.34	.479	.40	.493	.26	.438	.21	.408	2.960	*
(5) 知的障害者の働く場の確保	304	1.46	.698	1.23	.493	1.41	.686	1.48	.729	1.78	.769	6.635	***
(6) 母親の働く場の確保	288	2.14	.945	2.06	.941	2.02	.917	2.06	.934	2.63	.903	5.188	***

* p<.05   ** p<.01   *** p<.001
項目の測定尺度と点数化はそれぞれ次の通りとした。
 :(1) 1.した 2.しない、(2)・(4) 1.ある 0.なし、(3) 1.たくさんあった～4.全くなかった、(5)・(6) 1.非常にそう思う～4.全くそう思わない

であり、6割は、育児に参加していた。

③日頃、家で妻の家事の手伝いをするか（手伝いをしたか）

「手伝いをする」173名（52.4％）、「手伝いをしない」157名（47.6％）の回答状況であり、明確な傾向は見られなかった。

④妻が病気になった場合

「非常に困る」と「少し困る」があわせて319名（98.4％）となり、9割強が困ると回答していた。

⑤困る理由

「家事」222名（69.6％）、「障害のある子どもや障害のない他の子ども（きょうだい）の世話」82名（25.8％）であり、7割弱が「家事」を理由にあげていた。

4）学校・施設行事への参加

①障害児の学校行事や施設行事などに参加するか（したのか）

「参加する」224名（67.0％）、「参加しない」110名（33.0％）であり、6割強は学校行事や施設行事などに参加していた。そして、18歳以下の障

害児の父親が「学校行事や施設行事」などに参加する傾向を示した（t=-2.270, p<.05）。

②知的障害者育成会活動に参加するか（参加したか）

「参加しない」203名（60.7％）、「参加する」131名（39.2％）、6割は知的障害者育成会活動に参加していなかった。

5）職場での状況

①子どもの障害について知った後、落ち着いて仕事ができたか

「普通に落ち着いてできた」168名（51.3％）、「あまり落ち着いてできなかった」111名（33.9％）、「仕事が手につかなかった」36名（11.0％）という回答状況であった。そして、19歳以上の障害者の父親が「落ち着いて仕事ができた」という傾向を示していた（t=2.113, p<.05）。

②職場で障害児について同僚（上司）に話をしたか

「話をした」206名（63.8％）、「話をしなかった」117名（36.2％）で、6割は同僚（上司）に話をしていた。18歳以下の障害者の父親が「同僚（上司）への相談」をしていた（t=2.066, p<.05）。また、妻が仕事をしていない場合、父親は「同僚（上司）」から支援を受けていた（t=-1.994, p<.05）。49歳以下の父親が、同僚（上司）に障害のある子どもについてよく話をしていた（F=.593, p<.001）。

6）ストレスの解消方法（表1-7）

①ストレスの解消方法（複数回答）

「妻との会話」の回答が最も多く、次いで「趣味に没頭する」の回答が多かった。そして18歳以下の障害児の父親が、ストレスの解消方法として「妻との会話」をよくする傾向を示した（t=2.066, p<.05）。障害程度では、友人との会話（F=3.604, p<.05）、他の障害児家族との会話（F=5.249, p<.01）に有意差が見られ、中度の障害のある子どもの父親が友人や他の障害児家族とよく会話をしていた。また、50-59歳の父親がよく外出する傾向が見られた（F=2.671, p<.01）。

表 1-7　ストレス解消方法（複数回答）

項　目	n	%
妻との会話	160	29.7
趣味に没頭する	77	14.3
お酒を飲む	72	13.4
スポーツをする	58	10.8
外出をする	47	8.7
他の障害児家族との会話	42	7.8
友人との会話	32	5.9
買い物をする	18	3.3
その他	33	6.1
合　計	539	100

7）障害児のことで、助けとなった人物

①障害児のことで悩まれたとき、誰が助けとなったか（複数回答）

「妻」278名（61.0％）、「他の障害児家族」59名（12.9％）、「両親」58名（12.7％）、「友人」21名（4.6％）であり、妻や両親の身内が助けとなっていたことが示された。妻が仕事をしていない場合、父親は「他の障害児家族」から助けられたと回答していた（$t=-2.188, p<.05$）。

8）障害児を持ったことによる良い点・辛い点

①障害児を持たれて良い点

(a) 障害児を持たれて良いことがあったか。

「あった」218名（67.1％）、「なかった」107名（32.9％）で、6割強が良いことがあったと回答した。18歳以下の障害児の父親が「障害児を持たれて良いことがあった」という傾向を示した（$t=-2.695, p<.01$）。また、49歳以下の父親が「良いことがあった」と回答をしていた（$F=2.809, p<.05$）。

(b) 良いことの理由（複数回答）（表 1-8）

「他の障害児家族や多くの人々と知り合えた」が最も回答数が多く、次いで「人の優しさを知ることができた」「人間の尊厳について考えるようになった」の回答の順であった。そして、18歳以下の障害児の父親が「他

表 1-8　良いことの理由（複数回答）

項　目	n	%
他の障害児家族や多くの人々と知り合えた	113	29.1
人の優しさを知ることができた	95	24.5
人間の尊厳について考えるようになった	75	19.3
社会的問題をよく考えるようになった	75	19.3
その他	30	7.8
合　計	388	100

の障害児家族や多くの人々と知り合えた」（t=2.052, P<.05）、「人の優しさを知ることができた」という傾向を示した（t=2.469, p<.05）。また、障害児が第1子（長男・長女）の父親は「社会的問題をよく考えるようになった」と回答をしていた（t=2.151, p<.05）。

父親の年齢に関しては、50歳から59歳の父親が「人の優しさを知ることができた」と最も強く感じ、次いで49歳以下の父親がそのように感じていた（F=2.960, p<.05）。特に中度の障害のある子どもの父親が「社会的問題をよく考えるようになった」と回答をしていた（F=3.879, p<.05）。

②障害児を持たれて辛かった点

（a）障害児を持って辛かったことがあったか。

「あった」280名（87.6％）、「なかった」40名（12.5％）で、8割強が辛いことがあったと回答した。18歳以下の障害児の父親が「辛いことがあった」という傾向を示した（t=-2.670, p<.01）。

表 1-9　辛かった理由（複数回答）

項　目	n	%
周囲の冷たい視線や無理解を感じた	137	27.8
子どものしつけで悩んだ	120	24.3
家族での外出が制限された	110	22.3
障害のない他の子ども（きょうだい）に時間が取れなかった	94	19.1
その他	32	6.5
合　計	493	100

(b) 辛かった理由（複数回答）（表1-9）

「周囲の冷たい視線や無理解を感じた」の回答数が最も多く、次いで「子どものしつけで悩んだ」、「家族での外出が制限された」などの回答の順であった。18歳以下の障害児の父親（t=4.260, p<.001）と妻が仕事をしている場合、父親（t=2.971, p<.01）は「子どものしつけで悩んだ」傾向を示した。特に重度の障害のある子どもの父親が「家族での外出が制限された」（F=6.053, p<.01）、「周囲の冷たい視線や無理解を感じた」と回答をしていた（F=7.190, p<.001）。

9）社会に対する気持ち

①社会は障害者に対して親切であると思うか

「思わない」219名（71.2％）、「思う」89名（28.8％）で、7割は、社会が障害者に対して「親切である」と感じていなかった。しかし、このなかで、障害児が第2子（次男・次女）以降の父親は「社会は障害者に対して親切である」と感じていた（t=2.742, p<.01）。

②社会に対して障害者の援助などを期待しているか

「期待している」226名（72.7％）、「期待していない」85名（27.3％）で、7割は社会に対して援助などを期待していた。そして、妻が仕事をしている場合、父親は社会に対して障害者の援助を期待していた（t=-2.468, p<.01）。

10）行政への期待

①経済的保障

「期待する」が284名（93.2％）で、9割は、経済的保障を期待していた。

②母親の働く場所の確保

「期待をする」が165名（57.5％）、「期待をしない」が122名（42.5％）で、5割強が母親の働く場所の確保を期待していた。特に妻が仕事をしている場合、その父親が母親の働く場の確保を期待していた（t=-4.710, p<.001）。50-59歳の父親の64.2％が母親の働く場所を期待していると回答し最も高い（F=5.188, p<.001）。一方で、70歳以上の父親は、「期待を

する」が34.8%と低く、他の年齢層に比べ母親の働く場所の確保を期待していなかった。

　③障害者の働く場所の確保

　「期待する」が275名（90.5%）で、9割は、障害者の働く場所の確保を期待していた。そして、18歳以下の障害者の父親が「障害者の働く場の確保」を期待する傾向を示した（t=-3.625, p<.001）。49歳以下の父親が障害者の働く場を確保して欲しいという強い気持ちを持っていた（F=6.635, p<.001）。

7　考察

　調査結果全体から、多くの父親は、わが子の障害にショックを受けながらも、その気持ちを抑え、職場で仕事に励んでいることが示された。そして、家庭では、妻と子どもの障害について話をし、そのことが父親のストレスの解消の要因にもなっていた。本調査結果は、家庭における父親の役割が、従来の経済的支援が中心であるという点とは異なり、家庭内の母親への良き支援者・理解者である父親像を示していた。父親は、障害児を持って「周囲の冷たい視線や無理解」「子どものしつけで悩んだ」などで辛い経験をしながらも、母親を支え、子育てに奮闘していた。しかも、職場において、同僚（上司）に子どもの障害を隠さず相談をし、行政に対して障害者と母親の働く場の確保を期待し、社会からの支援も期待していた。父親は、子どもの障害によって他者との社会的関係を閉ざすのではなく、外に社会的関係を求めているのである。そして、父親の多くが「社会は障害者に対して冷たい」「周囲の冷たい視線や無理解を感じた」と回答しながらも、障害の子どもの問題に対して積極的になれるのは、妻からのサポートに加えて、他の障害児家族との交流も大きな要因となっている。それは、父親が障害の子どもを持って良かった理由として「他の障害児家族や多くの人と知り合えた」をあげていることから理解できよう。同じような障害児を抱える家族との交流を通して、障害児の家族の悩みや苦しみが軽減され（三原 1995）、障害児の父親同士の交流が父親の励みになっていることも報告されている（町田おやじの会 2004；三原・松本ほか 2009）。つまり、

このような父親像は、一方では、現代の核家族社会のなかで、他者との関係なしに障害者問題が改善されないことを示していると言えよう。その意味で、父親には妻、職場、地域社会において好ましい人間関係を築くことが求められており、もしもこれらの領域で、父親が好ましい人間関係を築くことができないとき、障害者の父親、あるいは障害者家族は地域社会で孤立し、崩壊して行く危険性が生じてくると考えられる。したがって、福祉関係者はこのような面を考慮して障害者家族を支援して行くべきであろう。

以下、幾つかの調査項目にしたがって考察をする。

1) ストレス解消について

3割弱の知的障害者の父親は妻との会話を持つことでストレスを解消しており、家族内での繋がりは強い傾向がみられた。また、8割の父親が育児について妻とよく話をし、6割は育児や学校行事に参加し、妻に対しては協力的であった。これは、本調査の父親や知的障害児の年齢が、ある程度、高くなっていることも影響していると考えられる。父親の7割が50歳以上、子どもの年齢も7割が19歳から49歳の成人に達しており、夫婦で共に障害の子どもの問題などをある程度、解決し、乗り越えてきたので、より協力的な夫婦関係になっていると考えられる。障害児の母親は、子どもの年齢が4-5歳のころまで、育児に追われ、最もストレスを感じ、就学後、ストレスが減少して来ると言われている（新美・植村 1985）。障害児の親子心中事件の場合、障害児の年齢が0歳から4歳が最も親子心中が多い。親が子どもの将来を悲観したり、育児による疲れが原因になっていることが報告されている（一門ほか 1985）。したがって、障害児の母親にとって、育児の手がかかる幼児期・児童期は心理的・身体的ストレスが過大と感じられるので、母親のストレスを軽減するために父親は育児や家事に協力的となることが必要とされよう。

2) 妻の仕事の有無の問題

妻の仕事の有無の影響については、妻が仕事をしていな場合、父親は、

子どもの障害の診断後、育児について妻とよく話しをしていた。つまり、妻が仕事をしていない場合、妻は在宅時間が長くなる。その結果、父親と母親は子どもの障害や育児について話をすることができたと思われる。また、父親は「他の障害児家族から助けられた」と回答していた。やはり、妻が仕事をしていない場合、妻に時間的な余裕があり、父親は他の障害児家族と交流する機会を持ち、これらの家族から支援を受けたのではないかと思われる。特に父親が他の障害児家族との交流に対して積極的である場合、母親のストレスが軽減することが指摘されている（新見・植村 1985）。

3）行政への期待
①経済的保障について

9割の父親は、行政に経済的保障を期待していた。自由記述欄のなかで、「誰も、社会も金銭的に助けてくれない。家計も苦しいし、身体も介護でボロボロである」（10歳の重複障害児の42歳の父親）と述べていた。この回答結果の背景には、知的障害者家族の困難な経済的な事情もあると思われる。そして、知的障害者家族の経済的困難の一つの要因に2006年から施行されている障害者自立支援法も影響しているのではないかと思われる。障害者が施設を利用する場合、障害者家族の経済的状況に関係なく、施設利用料（食費、施設送迎代など）として1割の自己負担を支払わなければならない。収入の見込みのない知的障害者や知的障害者家族の場合、1割の自己負担は大きな経済的負担となる。この法律により、障害者の9割が、負担は増えたことが厚生労働省より報告されている[注3]。

②障害者及び母親の働ける場所の確保について

次に9割の父親は、行政に対して知的障害者の働ける場所の確保を期待していた。父親は、知的障害者に対しても働くことで社会に貢献する、あるいは充実した毎日の生活を期待しているのであろう。また、母親に対しては、5割が働く場所を期待していた。これらの父親は、知的障害者の世話に追われながらも、母親にも社会の一員として働く場所を行政に期待していると思われる。一方で4割の父親は、母親に働くことを期待していな

かった。これは70歳以上の父親の65.2%が母親に働くことを期待していなかったことが少なからず影響していると言えよう。

③親亡き後の施設における障害者の生活の充実について

9割の父親が親亡き後の施設における知的障害者の生活の充実を期待していた。これは、親が亡くなった後も、施設で知的障害者が充実した生活を継続し、更には高齢になっても同様に過ごして欲しいことを意味していると考えられる。親亡き後の不安は、知的障害者の高齢化に対する親の意識調査においても見られた（三原 2008）。それによると、336名の親の9割が自分亡き後の障害の子が高齢になったときの生活に不安を持ち、8割の親が子どもの老後を知的障害者施設や特別養護老人ホームに期待をしていた。このことから、福祉行政は、知的障害者の親の不安を軽減するために、施設における知的障害者の生活の充実や高齢化した障害者に対するケアなどの福祉対策を検討するべきであろう。

4）障害児の年齢について

18歳以下の障害児の父親は、学校行事や施設行事に積極的に参加をし、「障害児を持って良かった」「他の障害児家族や多くの人々と知り合えた」などの前向きな姿勢を示した。しかし、彼等には「障害児を持って辛いことがあった」「子どものしつけで悩んだ」「落ち着いて仕事ができなかった」の問題を指摘し、そして更にストレス解消法として「妻との会話」をあげ、育児や進路などの問題に悩む姿が見られた。また、18歳以下の障害児の父親は、「障害者の働く場の確保」を期待し、いずれはやってくるわが子の就労先の有無を心配していた。2006年に障害者自立支援法が施行されて以降、障害者の一般事業所での就職や福祉施設での就労が重視されている。

5）子どもの出生順位

出生順位については、障害児が第1子（長男・長女）の父親は「社会的問題をよく考えるようになった」傾向を示した。最初の子どもが障害児の場合、両親は次の子どもを持つのに、また、障害児が産まれるのではない

かと不安を持つと言われている（三原・松本ほか 2009）。このことも含めて、最初に期待していた子どもが障害を持ち、育児や地域のなかでの人間関係で悩み、そのことにより、父親は社会的問題をよく考えるようになったのではないかと思われる。障害児の親は、障害児に対する周囲からの偏見により、孤立感や阻害感を感じていることが指摘されているが（中根 2004）、このような面からも第1子（長男・長女）の障害児の父親が社会的問題をよく考えるようになったと思われる。そして、障害児が第1子（長男・長女）である父親が社会的問題意識を持ったとしても、その人々が孤立感や阻害感を持たないようにするために、同じような障害者の父親同士の交流が自助活動として必要とされよう。また、そのような活動の重要性も報告されている（町田おやじの会 2004；三原・松本ほか 2009）。

6）障害の程度について

障害程度との関連性では、中度の知的障害者の父親が妻とよく話をし、友人及び他の知的障害児家族とも交流を持ち、社会的問題についてよく考えるようになった。中度の知的障害者は、極端に激しい問題行動や身辺自立の全介助（排泄、食事介助など）がなくても、将来、自立して働くなど社会的自立については容易ではないと思われる。したがって、中度の知的障害者の父親が妻や周囲の人々と交流を持ちながら、社会的問題をよく考えるようになったのではないかと思われる。重度の知的障害者の父親は家族で外出が制限され、周囲の冷たい視線や無理解を強く感じていた。重度の知的障害者の父親は、日常生活の様々な面で子どもに支援が必要となることで、外出が制限されやすい。例え、外出をしたとしても、周囲から奇異な目で見られると感じる機会が、軽度、中度の知的障害児をもつ父親よりも多く高い数値結果として表れたのであろう。

7）父親の年齢について

年齢については、49歳以下の父親が、職場の同僚（上司）に知的障害児についてよく話をし、知的障害児を持った事で良い点について強く考えていた。また、50-59歳の働き盛りの父親に知的障害児を持って良かった

理由として「人の優しさを知ることができた」との回答や「母親に働くことを期待する」傾向が見られた。年齢的に若い父親は、積極的に周囲の人々と関わり、母親にも働くことを期待していると考えられる。

8 結語

多くの障害者の父親は、妻に協力し、他の障害児家族や職場の同僚（上司）から支援を受けながら仕事に励んでいた。そして、彼らの子育ては障害児の年齢、出生順位、妻の就労の有無によって影響を受けていた。つまり、障害者の父親、あるいは家族は様々な要因に影響を受けながらも心理的バランスを保ち、社会生活を送っている。しかし、同時に何らかの理由により、そのバランスが崩れると、障害者の家族には、子どもへの虐待、夫婦間の危機などの状況に陥る可能性も考えられる。その意味において、福祉関係者は、障害児の年齢、出生順位、妻の仕事の有無などの要因も考慮しながら、障害者家族を支援して行くことが必要とされよう。

【注】
1) 本事件の内容については、中国新聞社説「福山の2児殺害　発達障害　追い詰めるな」（2006年11月9日）に記載されている。
2) 18歳以下・19歳以上の年齢に分けた理由は、18歳の年齢を境として、親が子どもをケアの対象から子どもの就職や施設入所を考えるようになり、親の子どもに対する意識が変わってくると考えたからである。
3) この報告は、2009年11月27日朝日新聞の「障害者の9割が支援法で負担増」のなかで紹介されている。

【文献】
藤本幹・田中義人・八田達夫ほか（2005）「重症心身障害児の主養育者である父親の抱く子ども観の分析」『作業療法ジャーナル』39 (4), 349-355.

稲浪正充・西信高・小椋たみ子（1980）「障害児の母親の心的態度について」『特殊教育学研究』18（3），33-41．

稲浪正充（1982）「障害児に対する親の意識」『発達障害研究』4，90-5．

今川民雄・古川宇一・伊藤則博ほか（1993）「障害児を持つ母親の評価と期待の構造」『特殊教育学研究』31（1）1-10．

一門恵子・浦野エイミ・勝俣暎史（1985）「障害児を包含した親子心中」『熊本大学教育学部紀要 人文科学』34，171-179．

小島未生・田中真理（2007）「障害児の父親の育児行為に対する母親の認識と育児感情に関する調査研究」『特殊教育学研究』44（5），291-299．

町田おやじの会（2004）『「障害児なんだうちの子」って言えたおやじたち』ぶどう社．

松本耕二・三原博光・豊山大和（2007）「地域における知的障害児の両親の育児意識と社会心理的状況」『山口県立大学社会福祉学部紀要』13，131-138．

三原博光（1995）「第2部第2章　障害児ケアと医療福祉」多田羅浩三・小田兼三共編『医療福祉の理論と展開』中央法規出版，109-118．

三原博光（2000）「きょうだいの特徴」『障害者ときょうだい―日本とドイツの比較調査を通して―』学苑社，14．

三原博光（2008）「障害者自立支援法の問題点と障害者福祉実践活動」『キリスト教社会福祉学研究』41，15-22．

三原博光・松本耕二ほか（2009）「障害者の父親の生活意識」『県立広島大学重点研究事業成果報告書』．

中根成寿（2004）「障害者家族の父親とは誰か―『家であること』と『ケア』の間で―」『第1回障害学会自由報告資料』．

中根成寿（2006）「知的障害者家族におけるジェンダー―知的障害者家族の父親の考察―」中根成寿著『知的障害者家族の臨床社会学』明石書店，109-139．

中塚善次郎・蓬郷さなえ（1989）「障害児を持つ母親のストレスと家庭における夫婦の役割分担について」『鳴門教育大学研究紀要 教育科学編』4，139-149．

新美明夫・植村勝彦（1985）「学齢期心身障害児をもつ父母のストレス―ストレスの背景要因―」『特殊教育学研究』23（3），23-33.

Nurse, J.（1972）Retarded infants and their parents. A group for fathers and mothers. *British Journal of Social Work,* 2, 159-174.

及川克紀・清水貞夫（1995）「障害児をもつ家族の問題―家族研究の問題と課題―」『発達障害研究』17（1），54-61.

Polansky, N.A., Boone, D.R., Desax., and Sharalin, S.A.（1971）Psuedosticism in mothers of the retarded. *Social Casework,* 52, 643-650.

澤江幸則（2000）「障害幼児をもつ父母の子育て充足感についての研究―子どもに対する関係認識と地域資源の利用の関連から―」『発達障害研究』22（3），219-229.

土屋葉（2003）「障害をもつ子どもの父親であること」桜井厚編『ライフストリーとジェンダー』せりか書房，119-140.

Traustadottir, R.（1991）Mothers who care. *Journal of Family Issues,* 6, 211-228.

田中智子（2006）「障害児の父親の『当事者性』に関する考察」『大阪健康福祉短期大学紀要』4（3），49-57.

田中美央（2007）「重症心身障害のある子どもを育てる父親の体験」『自治医科大学看護学ジャーナル』5，15-23.

山下勲（2003）「ダウン症児を持つ父親における診断告知時の精神的ショックと対応行動」『安田女子大学大学院文学研究科紀要』19-41.

横山正子・村田惠子・内正子ほか（2004）「慢性的な健康障害のある子どもの父親役割研究―役割、役割と家族ストレス認知、バーンアウトの関連から―」『兵庫大学論集』9，41-50.

吉野真弓・草野篤子（2002）「ダウン症児の親への告知について―父親の受容とその家族の適応過程―」『信州大学教育学部紀要』107，101-109.

第2章

母親の問題

第1節　母親に関する研究動向

　障害者の母親に対する調査の傾向を見ると、母親の障害児に対する悩み、苦しみ、子育ての不安、ストレス、地域社会における対人関係などの問題が取り上げられ、その実情報告が行われている。これらの調査の背景には、障害児の母親の心理的意識の分析により、ソーシャルワーカーによる障害児家族への福祉的援助の検討に関心があったと考えられる。実際、筆者は障害児の母親達とかかわる中で、多くの親達が「まさか自分の子どもに障害があるとは考えてもみなかった」「2、3歳になってもなかなか言葉が出ないので、医師に相談すると障害があると診断を受け、非常にショックだった」などと語っている場面によく遭遇した。

　小笠原（1978）は、質問紙調査を通して、重症心身障害児の母親達の心理社会的状況を調べた。調査内容は、母親の子ども達に対するしつけや、母親と障害児以外のきょうだいとの関係、将来の生活問題などに関するものであった。その結果、障害児の母親達は、自分の子ども達に対して過保護、溺愛など、過度の懸念的傾向をもち、かつ将来に対して不安を持っていた。そして、この調査結果の中で、小笠原は親が子どもに対して抱く感情のプロセスを以下のようにあげた。

　① 子どもの異常に対して、強いショックを受ける段階
　② 子どもの障害という現実からの逃避や否定的の段階
　③ 強い、悲しみ、怒り、不安を抱く段階

④ 情緒的混乱を軽減する段階
⑤ 子どもに対する態度を再構成する段階

　小笠原の調査は、障害児の親が子どもの障害を受容する心理社会的状況を調べたものであり、障害児の親をサポートして行く上で重要な調査であった。しかし、小笠原の調査では、調査対象者の家族の階層や子どもの障害の種類などの要因は、あまり取り上げられていなかった。これに対して、Bradshaw & Lautor（1978）は、質問紙調査を実施し、身体障害児と知的障害児の母親の比較、母親と子どもの年齢による不安関係、家族の収入と母親の不安関係など、さまざまな要因と不安関係を調べた。その結果、障害の種類、年齢、家族の収入は母親の不安に影響を及ぼさないことが明らかとなった。さらに、彼らは、福祉手当を受け取った母親達に、それによって不安が軽減したかどうかをたずねたが、母親達の不安は福祉手当を受け取った後もほとんど変わらなかったことが指摘された。

　ソーシャルワークの実践では、障害児の母親に対しては、子育てへの助言や、両親達が受容したり、悲しみの感情を軽減するための手助けとなる取組が行われてきた。Polansky et al.（1971）は、知的障害児を持つ母親のなかには、子どもの障害について何も感じていない者、あるいは父親への欲求不満の身代わりとして子どもに感情をぶっつけている者がいると述べている。そこで、このような母親に対して、自我の強化、問題についての自己洞察を目的とした介入の提案を行った。

　Kratochvil & Devereux（1988）は、障害児の母親達が、障害が受容する過程で経験する悲嘆作業の事例をあげて説明をしている。それによると、ある母親は4歳の息子の身体的障害を認識していたが、健常児である彼の弟が元気よく動き回る姿を見ると、障害のある兄が可哀そうになり、再び悲しみの感情におそわれ、障害の受容が困難になるとの事であった。つまり、母親達が子どもの障害を受容するプロセスにおいては、何度も感情の浮き沈みが起こるので、ソーシャルワーカーは母親に対して指示的なアプローチすることが必要だと指摘したのである。

　Murphy et al.（1973）は、ダウン症児の母親達にグループワークを実践し、彼女達の否定的感情を軽減させた。その介入目標は、ダウン症児の母親になったことに対する否定的感情の受容、ダウン症についての知識の伝達、

ショック、怒り、失望などの感情を共有し、軽減することにあった。その結果、母親達はこれらの介入を通して、子どもに対する感情や問題を以前に比べて冷静にとらえるようになり、他の母親達と悲しみなどの感情を共有することができるようになった。

　以上の文献報告では、まず、ソーシャルワーカーが母親達の子どもの障害を受容する方向で支援している傾向が理解できる。そして更に、同じ様な障害を持つ母親達とのグループワークを通して、障害児を持つことに対する痛み、悲しみの軽減を目標にしている。

第2節　母親の事例

　ここで、障害者の母親の個別事例を紹介する。この事例を通して、母親の子どもの障害の受容、育児意識が明らかにされる。

1　小脳失調症児の娘を持つ高橋里子さん（33歳）の事例

家族構成：母親里子33歳、父親博37歳、めぐみ（長女、9歳、小学校
　　　　　3年生、小脳失調症）、弟次郎4歳

1）出産時の状況
母親の里子さんは、めぐみさんの出産時の様子を以下の様に述べている。

　めぐみは、出産時、呼吸困難で新生児仮死でした。当時、産婦人科の医師から新生児仮死と説明を受けましたが、めぐみに障害があるとは考えていませんでした。私もめぐみも一緒に退院もでき、その後も問題なく育ちました。

しかし、里子さんは、娘のめぐみさんの異変について次のように述べている。

　1歳半の時、原因不明でふらつき、歩行困難、言語の遅れが目立ち、

O大学病院に長く入院し、小脳失調症と診断されました。小脳のダメージがあったため、発達がゆっくり、言語の発達が遅れたのかもしれません。診断を受けたときはショックでした。

　その後のめぐみさんの成長を、里子さんは次のように述べている。

　障害のため、服薬治療をしていました。薬を飲んでいる間は免疫が低下するため、他の子どもとの接触を避けるように医師から言われました。3歳くらいまで、他の子どもと遊ぶことができませんでした。3歳半から4歳前くらいの頃に薬が必要なくなりました。その時、発達検査を受けたところ、少し発達がゆっくりであると言われ、市内の療育施設に1年通いました。経過が良かったので、4歳からは地域の幼稚園に通いました。

　里子さんは、入院中の不安について、次のように述べている。

　入院中、大学病院について全然知らない所だったので、すごく心細かったです。この先どうなるのだろうと気持ちがとても沈んでいました。夫は仕事で来られないし、自分1人で全ての問題を抱えていたことが、とても辛かったです。

　だが、同じような障害を持つ母親と出会い、励まされていることを以下の様に述べている。

　同じように入院している母親と友達になったことで入院生活が楽しくなりました。大学病院に行くと、がんなどの大変な病気と闘っている子どもがたくさんいましたので、逆にすごく励まされました。

2）きょうだいについて
　里子さんは、弟の次郎さんについて、次のように述べている。

弟の次郎を産むとき、めぐみのように障害を持つのではないかと不安を持ちましたが、次郎を産んですごく良かったと思います。めぐみが世話好きなので、自分が次郎のお姉ちゃんという意識が強く、私がやってあげるという意識で弟をかわいがる場面をよく見られます。

　ただ、将来、弟の次郎さんがめぐみさんの障害に気づいたときの心配を里子さんは次のように述べている

　弟の次郎は姉のめぐみの障害について気づいていません。2人は家で、ままごと遊びなどをよくしていて、今のところ、次郎は姉のめぐみの様子を変に感じている様子はありません。しかし、次郎が小学校に行った時に、お姉ちゃんのめぐみが、特別支援学級にいることに気づく時がくるので、その時、少し心配です。

3）地域との交流について
　里子さんは、地域のなかでめぐみさんの幼少期の辛い体験を以下の様に述べている。

　家の前が公園で、近所の子ども達の声がよく聞こえていました。その声にめぐみが反応し、ベランダ越しに外に出たいという感じで見ていてかわいそうになりました。母親として辛かったものです。集団の場所には、めぐみが絶対行かない方が良いと医者から言われていました。

　だが、外出できるようになり、周囲の人達の支援の大切さについて、里子さんは以下の様に述べている。

　外に出られるようになってからは、周りの人たちも温かく、人には恵まれてきたのではないかと思います。夫は一番理解してくれ、支えてくれます。私の両親が近くに住んでいたことはとても助かったし、感

謝しています。学校の先生などにも助けてもらいました。

4）幼稚園・小学校での生活

里子さんは、めぐみさんの幼稚園生活について次のように述べている。

> 幼稚園の友達は、めぐみのことを妹のようにかわいがってくれました。そのような関係を続けさせたいと思いました。小学校が幼稚園の隣接の学校だったので、幼稚園に通っていた子ども達は、皆、同じ小学校に通っています。

幼稚園での支援体制について、里子さんは次のように述べている。

> 幼稚園に行き始めた最初の頃は、介助の先生をつけて頂きました。しかし、少人数の1クラス10名の幼稚園だったので、先生の目が届きやすく、介助の先生が必要なほど、めぐみさんの世話は大変ではないと言われました。その結果、介助の先生なしで担任の先生だけになりましたが、幼稚園生活を楽しく過ごすことができました。

里子さんは、めぐみさんの小学校の生活について次のように紹介している。

> 小学校は、普通学校の特別支援学級に通っています。普通学級に入れるか、特別支援学級に入れるかとても悩みました。しかし、特別支援学級に入っている子どもの母親からの情報を集めて、めぐみでは普通学級では少し大変だと思い、特別支援学級に入学することを決めました。今は、特別支援学級に入れてよかったと思います。楽しそうに学校に通っています。

5）高橋里子さんの事例について

高橋里子さんは、最初の子どものめぐみさんが障害を持っているので、

弟の次郎さんを産むのに不安を持った。障害者の両親は、最初の子どもに障害がある場合、次の子どもを産むのに不安を持つと言われている。場合によっては、不安から次子を産むのを諦める両親もいるようである。里子さんの場合、弟の次郎さんが健常で産まれ、姉のめぐみさんと良い関係が大きな喜びになっていることが分かる。

　里子さんはめぐみさんの障害で大学病院に入院しているとき、不安を持ったが、同じような障害を持つ親と出会い、励まされた。また、特別支援学級に通う母親からの情報により、めぐみさんの進路を決め、良い結果を得た。このように、障害児を持つ母親は、同じような障害を持つ親からの支援が大きな力になることが理解できる。

2　発達障害児の息子を持つ原淳子さん（43歳）の事例

家族構成：父親太郎45歳（自営業）、母親淳子43歳、聡（長男、17歳、高校2年生）、和美（長女、15歳、中学校3年生）、次男泰男（11歳、小学校5年生、発達障害）

1）泰男君の障害について

　母親の淳子さんは、次男の泰男君の行動の異常に気づいたときの様子を以下の様に述べている。

　　泰男は、幼い頃からきょうだいの聡、和美に比べて、言葉の遅れや多動が見られ、育てにくいと感じていました。3歳頃、保育所で、多動、落ち着かない行動が見られ、先生から「介助の先生をつけた方が良いのではないか」と提案されたのをきっかけに4歳時、病院で診察を受け、発達障害の診断を受けました。

　淳子さんは泰男君の問題行動で悩んでいた様子を次のように語っている。

泰男が、小さい頃、家族全員で楽しく外出することはありませんでした。家族全員でお祭りに行っても、泰男が多動で激しく動き回るため、私が泰男の後をずっとついてまわり、楽しくありませんでした。そのため、姉の和美が泰男を嫌がるようになりました。保育所のお遊戯会で、泰男が舞台の上を勝手に1人で走り回る姿を見てとても悲しかったし、姉の和美が泰男を拒絶するのも辛く子育てに絶望感を感じました。

淳子さんは、泰男君の行動に絶望を感じながら、同じような発達障害の子どもを持つ母親からの励ましについて以下に述べている。

　泰男が発達障害の診断を受け、療育施設に通いました。最初の頃は泰男の事で辛く、毎日、泣いていましたが、療育施設で出会った発達障害のお子さんを持つお母さんからの励ましがあり、勇気づけられるようになりました。

2）保育所・小学校での生活

淳子さんは、保育所・小学校で理解ある教師に出会い、励まされた経験を次のように述べている。

　保育所の先生は泰男の行動や発言を理解してくれ、他の子どもが泰男の突発な発言をからかう場合でも、「泰男君には自分の伝えたい方法で相手に伝えているわけで、それを他の人が笑う方が間違っています」と言ってくれ、うれしかったです。

また、小学校で泰男さんの成長した様子を淳子さんは次のように述べている。

　泰男の小学校2・3年生のときの担任がとても理解のある人で、泰男の存在感を高めることを考え、クラスで泰男の出番をたくさん作って

くれました。その2年間は泰男自身もとても楽しそうでしたし、すごく成長したと感じました。

3) きょうだいについて
淳子さんは、きょうだいの問題について、次のように述べている。

長男の聡は、泰男の事をそれ程嫌っていませんでしたが、長女の和美は、泰男をとても嫌っていました。和美に泰男の障害を理解してもらうために、和美を療育施設、講演会、泰男の治療のためのクリニックなどに積極的に連れて行きました。

以上の様な取組の結果、次のような変化が長女の和美さんに見られたことを淳子さんは報告している。

和美と弟を一緒に様々な所に連れて行ったので、和美は徐々に弟の障害について理解するようになりました。和美は、弟について作文を書き、賞をもらいました。将来は弟を治療している作業療法士や言語療法士のようになりたいと言うようになり、弟を治療している作業療法の教授を尊敬していると言っています。

4) 家庭内でのサポートについて
淳子さんは、家庭内での状況について次のように述べている。

同居していた夫の両親は、泰男の障害への理解は難しい状況でした。「夫と子育てをしたい」と思い、祖父母との同居を解消しました。最初、夫は家庭でおとなしい泰男の姿しか見ていないので、障害に理解がありませんでしたが、発達障害の講演会などに一緒に行くうちに、徐々に理解を示すようになりました。

5）原淳子さんの事例について

　原淳子さんも、前事例と同じように子どもの障害の診断を受けたときにショックを受け、子育てに対して孤独感や絶望感の体験をしていた。特に淳子さんの場合、泰男君の多動など激しい行動に悩みを感じていた。しかも、きょうだいの和美さんが泰男君の存在を嫌っており、家庭内では祖父母との関係に悩んでいた。しかし、淳子さんは同じような障害児の母親からの励ましによって子育ての困難さを乗り越え、同じような障害者の家族の存在が大きな支援となっている。

　姉の和美さんは、弟の泰男君を当初嫌っていたが、作業療法士や言語療法士による支援を見て、将来、自分も発達障害を支援する専門家になりたいという気持ちを持つようになったことが紹介されている。障害者のきょうだいが、障害児との共同生活の体験を通して、自発的に医療福祉の専門家になり、貴重なマンパワーとしてその領域で活躍していることも報告されている（三原 2000a）。したがって、きょうだいが障害児家族支援の貴重なマンパワーの社会資源になるのではないかと考えられる。またそのことが、親にとっても精神的な支えになっていると思われる。

第3節　母親の育児（障害児ときょうだい）意識調査

　過去、障害児家族に対する調査や問題点は、主に障害児と母親の親子関係に焦点が当てられ実施され、論述されてきた。それは、子どもの障害の受容問題、育児不安やストレス、心理的悩みの軽減を目的としたケースワークの事例などで見られた。このような傾向は、障害児家族の場合、養育の中心的役割を果たすのが母親であり、父親は子育てよりも経済的稼ぎ手として考えられてきたことに起因していると思われる（中根 2006）。そして、これらの文献では母親が障害児の同胞であるきょうだいに対して、どのような子育て観を持っていたのかほとんど報告されていない。障害児家族問題は、最近、障害児と母親だけでなく、障害児のきょうだいに対する関心も高くなり、きょうだいに関する調査報告や書物も多く見られるようになってきた（江口・大野 1999；吉川 1993；Seifert. 1993；西村・原 1996；

三原 1998a、1998b；島田 1999；三原 2000a；広川 2003)。これらの文献の特徴は、きょうだいの意識調査や生活体験の報告が中心であり、障害児との共同生活についての心理的葛藤、結婚問題、障害者に対する社会的偏見や差別などの問題が紹介されている。

ここでは、母親の育児意識のなかで、特に障害児ときょうだいに対する育児意識に焦点を当て、調査を実施したので、調査結果を報告する。

1　調査対象

本調査は、障害児を持つ母親を対象としている。調査実施にあたり本研究への調査協力を得る必要があることからも、筆者が日頃より障害児の支援活動に関与するF、Y、Hの3県の知的障害者施設および団体に調査依頼した。そのうち協力が得られた五つの知的障害者育成会を含む施設・団体（有意抽出）の母親を調査対象としている。

2　調査方法

調査は、育児観の状況を把握するための質問紙調査を実施した。

質問紙調査は、調査協力の承諾を得た施設および団体の代表を通して、各代表者から要求のあった350部を親（保護者）に配布した。またその回収には各施設および団体に留め置きによる回収と返信用封筒を用いた郵送法の併用にて行った。その結果、100名（回収数28.6％）の回答を得たが、母親以外の回答が7名あった。従って本研究では回答者が母親以外の7名を除く93名（有効回答数26.6％）を分析対象者として分析することとした。調査期間は、2004年4月から2005年8月までの1年4カ月間であった。

3　調査内容

質問紙による調査項目は、①育児での葛藤、②育児での喜び、③ストレス、④育児に対する周囲からの援助、⑤回答者属性（年齢、就労状況、睡眠時間）、⑥障害児属性（年齢、性別、障害児の出生順位、障害名、障害程度、日中の居住場所）等であった。調査項目の作成には、障害児ときょうだいの問題を取り扱った文献（吉川 1993；西村・原 1996；三原 2000a）

4　倫理的配慮

質問紙は、無記名であること、統計的処置を施し個人が特定されないこと、研究以外の目的に使用されないこと等の説明記述等、倫理的配慮をした。

5　分析方法

質問紙調査により回収したデータは、単純集計で全体の状況を把握するとともに、障害の程度（重度・中度・軽度）、障害児の年齢（12歳以上・以下）、母親の年齢（40歳以上・以下）、母親の就労の有無と各項目について、χ二乗検定および分散分析を実施した。また育児観については、障害児ときょうだいとの相違をみるために育児観項目のそれぞれを点数化し、分散分析を行った。

6　調査結果

回答者属性：93名の母親から回答が得られた。回答者属性については、表2-1に示されている（表2-1参照）。母親の年齢は、7割が40歳代以上、障害児の年齢は12歳以下・12歳以上がほぼ半数であった。障害名は主に知的障害であり、障害程度は6割が重度であった。母親の就労は、5割は就労していない状況にあった。

就労状況（していない・している）と子どもの障害程度（重度、中度、軽度）において有意差がみられ（F=5.446, p.<0.01）、多重比較の結果、軽度の障害児の親は重度の障害児の母親に比べて「仕事をしている」（p.<0.05）傾向が見られた。睡眠時間は、半数以上は必ずしも少ない睡眠時間ではなかった。

以下、母親の障害児ときょうだいの育児意識の結果である。表2-2には、母親の障害児ときょうだいに対する育児についての単純集計結果、表2-3には、母親の障害児ときょうだいに対する意識の比較検定結果がそれぞれ示されている（表2-2, 2-3参照）。

表 2-1　調査対象者の基本属性

		人数	%
記入者年代	20歳代	1	1.1
	30歳代	18	20.2
	40歳代	59	66.3
	50歳代	11	12.4
合計		89	100.0
障害児年齢	未就学	7	8.1
	6-12歳	34	39.5
	13-15歳	19	22.1
	16-18歳	26	30.3
合計		86	100.0
障害児性別	男	63	72.4
	女	24	27.6
合計		87	100.0
障害児の出生順位	第一子	41	47.1
	第二子	29	33.3
	第三子	15	17.2
	第四子	2	2.4
合計		87	100.0
障害名（複数回答）	知的障害	77	69.4
	肢体不自由	4	3.6
	言語・聴覚	6	5.4
	自閉	22	19.8
	その他	2	1.8
合計		111	100.0
障害程度	重度	58	63.7
	中度	21	23.1
	軽度	12	13.2
合計		91	100.0
記入者の就労状況	仕事はしていない	52	57.8
	外でフルタイムの仕事	3	3.3
	外でパートタイムの仕事	19	21.1
	家で店を営むなど自営業	5	5.6
	在宅での仕事	7	7.8
	その他	4	4.4
合計		90	100.0
記入者の睡眠時間	4時間	3	3.3
	5時間	21	22.8
	6時間	43	46.7
	7時間	19	20.7
	8時間以上	6	6.5
合計		92	100.0

表 2-2　障害児ときょうだいの育児意識の比較（単純集計結果）

要因	項目	子ども	N	よく思う n	よく思う %	やや思う n	やや思う %	あまり思わない n	あまり思わない %	全く思わない n	全く思わない %
【育児での葛藤】	子どものことでくよくよ考える	障害児	92	20	21.7	25	27.2	43	46.7	4	4.3
		きょうだい	78	1	1.3	22	28.2	46	59.0	9	11.5
	時間を子どもにとられて視野が狭くなる	障害児	93	6	6.5	25	26.9	41	44.1	21	22.6
		きょうだい	79	0	0.0	4	5.1	48	60.8	27	34.2
	毎日同じことの繰り返しで息が詰まるようだ	障害児	91	8	8.8	25	27.5	43	47.3	15	16.5
		きょうだい	85	0	0.0	7	9.0	44	56.4	27	34.6
	育児のために自分は我慢ばかりしていると思う	障害児	91	4	4.4	21	23.1	54	59.3	12	13.2
		きょうだい	77	0	0.0	10	13.0	40	51.9	27	35.1
	自分ひとりで子どもを育てているように思う	障害児	92	8	8.7	29	31.5	38	41.3	17	18.5
		きょうだい	79	4	5.1	14	17.7	37	46.8	24	30.4
	ちょっとしたことで子どもを叱る	障害児	92	8	8.7	34	37.0	43	46.7	7	7.6
		きょうだい	79	14	17.7	20	25.3	37	46.8	8	10.1
	育児につまずくと自分を責める	障害児	92	12	13.0	31	33.7	39	42.4	10	10.9
		きょうだい	79	4	5.1	27	34.2	30	38.0	18	22.8
【育児での喜び】	子どもと気持ちが通い合っていると思う	障害児	91	22	24.2	49	53.8	19	20.9	1	1.1
		きょうだい	78	10	12.8	55	70.5	12	15.4	1	1.3
	子どもと一緒にいると楽しい	障害児	93	18	19.4	52	55.9	23	24.7	0	0.0
		きょうだい	78	23	29.5	43	55.1	12	15.4	0	0.0
	育児によって自分も成長していると思う	障害児	93	36	38.7	39	41.9	17	18.3	1	1.1
		きょうだい	79	26	32.9	25	31.6	24	30.4	4	5.1
	子どもは自分の生きがいである	障害児	92	20	21.7	46	50.0	24	26.1	2	2.2
		きょうだい	78	17	21.8	38	48.7	18	23.1	5	6.4
	これからの育児が楽しみである	障害児	91	8	8.8	33	36.3	45	49.5	5	5.5
		きょうだい	79	13	16.5	43	54.4	19	24.1	4	5.1

1）育児での葛藤

①子どものことでくよくよ考える

障害児に対しては「思う」45 名（48.9 %）、きょうだいは「思う」23 名（29.5％）[注1]であり、母親はきょうだいよりも障害児に対してくよくよ考えていた（t=2.705, p.<0.01）。

②時間を子どもにとられて視野が狭くなる

障害児に対しては「思う」31 名（33.4％）、きょうだいは「思う」4 名（5.1％）であり、多くの母親は、きょうだいよりも障害児に対して時間をとられて視野が狭くなるという気持ちを強く持っていた（t=5.000, p.<0.001）。

表2-3 障害児ときょうだいとの育児意識比較検定結果

要因	項目	N	障害児 平均値	障害児 標準偏差	きょうだい 平均値	きょうだい 標準偏差	t値	p.
【育児での葛藤】	子どものことでくよくよ考える	77	0.47	0.502	0.30	0.461	2.705	**
	時間を子どもにとられて視野が狭くなる	79	0.32	0.468	0.05	0.221	5.000	***
	毎日同じことの繰り返しで息が詰まるようだ	76	0.34	0.478	0.09	0.291	4.682	***
	育児のために自分は我慢ばかりしていると思う	75	0.24	0.430	0.13	0.342	2.192	*
	自分ひとりで子どもを育てているように思う	78	0.38	0.490	0.23	0.424	3.420	**
	ちょっとしたことで子どもを叱る	78	0.42	0.497	0.44	0.499	-0.257	n.s
	育児につまずくと自分を責める	78	0.41	0.495	0.40	0.493	0.257	n.s
【育児での喜び】	子どもと気持ちが通い合っていると思う	77	0.81	0.399	0.83	0.377	-0.469	n.s
	子どもと一緒にいると楽しい	78	0.77	0.424	0.85	0.363	-1.423	n.s
	育児によって自分も成長していると思う	79	0.80	0.404	0.65	0.481	2.965	**
	子どもは自分の生きがいである	78	0.71	0.459	0.71	0.459	0.000	n.s
	これからの育児が楽しみである	77	0.44	0.500	0.70	0.461	-3.990	***

* p.<0.05   ** p.<0.01   *** p.<0.001
※「よく思う」「やや思う」を1点、「あまり思わない」「全く思わない」を0点として算出

③毎日同じことの繰り返しで息が詰まるようだ

障害児に対しては、「思う」33名(36.3％)、きょうだいは「思う」7名(9.0％)であり、母親はきょうだいよりも障害児に対して強く閉塞感を感じていた(t=4.682, p.<0.001)。

④育児のために自分は我慢ばかりしていると思う

障害児に対しては「思う」25名(27.5％)、きょうだいは「思う」10名(13.0％)であり、多くの母親は、育児のために自分が我慢ばかりしているとは感じてはいなかった。しかし、障害児に対しては、きょうだいよりも我慢していると母親は強く感じていた(t=2.192, p.<0.05)。そして更に、母親の仕事の有無から、仕事をしていない母親が、きょうだいに対してこの気持ちを強く持っていた(t=-2.567, p.<0.05)。

⑤自分ひとりで子どもを育てているように思う

障害児に対しては「思う」37名（40.2％）、きょうだいは「思う」18名（22.8％）であり、6割以上の母親は自分ひとりで子どもを育てていると感じていなかった。しかし、母親は、障害児に対しては、きょうだいよりも自分ひとりで育てていると強く感じていた（$t=3.420, p.<0.01$）。

⑥ちょっとしたことで子どもを叱る

障害児に対しては「思わない」50名（54.0％）、きょうだいは「思わない」45名（56.9％）であり、5割の母親は、子ども達に叱らないという回答を示した。しかし、叱る母親の場合、仕事をしていない母親が障害児に対してちょっとしたことで叱る傾向が見られた（$t=-2.929, p.<0.01$）。また、障害児の年齢が12歳以下では、きょうだいに対して、叱る傾向が見られた（$t=-2.631, p.<0.05$）。

⑦育児につまずくと自分を責める

障害児に対して「思う」43名（46.7％）、きょうだいは「思う」31名（39.3％）であり、約4割の母親は育児につまずくと自分を責めると回答していた。

2）育児での喜び

①子どもと気持ちが通い合っているように思う

障害児に対しては、「思う」71名（78.0％）、きょうだいは「思う」65名（83.3％）であり、7割の母親は障害児ときょうだいの両方に気持ちの交流を感じていた。

②子どもと一緒にいると楽しい

障害児に対しては「思う」70名（75.3％）、きょうだいに対して「思う」66名（84.6％）であり、7割の母親が子どもと一緒にいると楽しいと回答していた。

③育児によって自分も成長していると思う

障害児に対して「思う」が75名（80.6％）、きょうだいに対して「思う」51名（64.5％）であり、6割の母親は育児によって自分も成長していると回答していた。そして、障害児ときょうだいに対する気持ちでは有意差が見られ、母親は、この点に関して障害児に対して強く感じていた（$t=2.965,$

p.<0.01)。

④子どもは自分の生きがいである

障害児に対しては「思う」が66名（71.7％）、きょうだいは「思う」55名（70.5％）であり、7割の母親が育児のなかで、障害児ときょうだいに対して生きがいを感じていた。仕事をしている母親は、仕事をしていない母親よりも障害児に対して、生きがいを感じていた（t=2.300, p.<0.05）。

⑤これからの育児が楽しみである

障害児に対して「思わない」50名（55.0％）であり、5割は、障害児の将来に関して、あまり楽しみを感じていなかった。障害の程度別にみると、重度の障害児の母親が、他の障害児の母親よりも障害児の将来に対する楽しみの気持ちが低かった（F=3.943, p.<0.05）。

きょうだいに対しては「思う」56名（70.9％）であり、7割の母親は、きょうだいの将来に関して、楽しみを感じていた。そして、将来の楽しみについては、母親の障害児ときょうだいに対する気持ちに有意差が見られ、きょうだいに対してより楽しみを感じていた（t=-3.990, p.<0.001）。

3）ストレスについて

「子どもが言うことを聞かないとき」31名（33.3％）、「夫・妻が育児に協力的でないとき」26名（28.0％）、「子どもが病気になったとき」18名（16.1％）であり、子どものしつけにストレスを感じている回答が示された。

4）育児に対する周囲からの援助

「夫が助けてくれる」59名（67.0％）、「両親や親戚が助けてくれる」67名（72.8％）、「友人が助けてくれる」74名（81.3％）、「近所の人が助けてくれる」27名（30.3％）と回答が示された。友人、両親や親戚、夫からの支援はあるが、近所の人からの支援の割合が低かった。

7　考察

本調査結果から、障害児の母親の育児意識が明らかにされた。障害児の母親は、地域のなかで友人や夫、両親などのサポートを受けながらも、育

児に不安を感じ、迷い、ストレスを感じながらも懸命に育児に取り組んでいた。それは、子どものことでくよくよ考えたり、育児につまずくと自分を責めるなど若干不安定な心理的状況からみてとれる。核家族社会のなかで、障害児の母親の力だけで、障害児の育児は困難を極めることは想像に難くない。障害児の夫婦が心理的葛藤を抱えていたならば、育児で母親のストレス増大は必至であろう。そして、本調査のなかで、母親は障害児ときょうだいに対して同じような愛情を持ちながら、微妙な育児感の感情的相違があることが浮き彫りにされた。すなわち、障害児の母親は、育児のなかで、きょうだいよりも障害児に対して心理的葛藤を持ち、「毎日同じことの繰り返しで息が詰まるようだ」などの閉塞感や「自分ひとりで子どもを育てているように思う」などの孤立感を障害児の育児に対して強く感じていた。このような母親の気持ちの背景には、障害児の育児の難しさがあると考えられる。母親達のストレスについての質問項目では、「子どもが言うことを聞かないとき」の回答が最も多かった。このように母親が障害児に対してストレスや心理的負担を感じていることは過去の先行研究のなかでも報告されている（橋本 1980 ; 中塚・蓬郷 1989 ; 新見・植村 1985 ; 三浦 1992）。しかしながら、母親は障害児の育児に困難さを感じながらも、8割の母親は障害児の育児を通して自分自身が成長していると感じていた。障害者の親の意識調査のなかで、障害児の育児を通して、家族の絆が強まったことや社会的弱者の痛みが分かるようになったなどの親の心理的成長も報告されている（三原 2000b）。

　次に調査のなかで、障害児の母親は、きょうだいに対して彼らの将来を期待していた。社会的に障害者は弱者としてみられ、職業や生活が限られていることに対し、きょうだいは職業、結婚など自由に選択できるという見通しが母親のきょうだいに対する回答結果に影響を及ぼしているのであろう。また、母親のきょうだいへの将来の期待には、障害児の育児に追われている母親にとって、きょうだいの存在が心の拠り所になったり、親亡き後の障害児とのかかわりを期待しているのかもしれない。

　母親の仕事の有無については、「仕事をしている母親」が「仕事をしていない母親」よりも障害児に対して、生きがいを感じ、叱る傾向も低かった。

「仕事をしている母親」は育児だけに追われず、仕事に取り組みながらも、障害児に対して生きがいを感じる精神的余裕を持ち、そのことが障害児を叱らない要因になっているのではないかとも思われる。一方、「仕事をしていない母親」は育児に十分な時間を向けることができる反面、子どものちょっとした行動が気にかかり、叱ってしまうと考えられる。

　障害児の年齢については、障害児の年齢が12歳以下の母親達が障害児よりもきょうだいに対して叱る傾向を示した。これは、母親の障害児に対して育児の困難さから、その辛さや不満の感情をきょうだいに向けているのかもしれない。障害の程度については、重度の障害児の母親は軽度の障害児に比べて「仕事をしている」傾向が見られず、障害児の将来に対する楽しみの気持ちも低かった。重度の障害児の母親は、子どもが重度の障害故に、子どもの世話に追われ、仕事をする機会を持つことができず、子どもの将来の自立に対しても悲観的になっているのではないかと思われる。

　以上の事から、障害児の母親は育児の困難さを感じながらも、障害を持ったわが子ときょうだいの両方の子どもとの交流を楽しみ、生きがいを感じていた。障害児の母親が育児に喜びや生きがいを感じることができるのは、友人、夫、両親などの周囲の人達からの支援が大きな支えによるものである。だが、障害児の母親は「近所の人が助けてくれる」と感じておらず、地域からの支援をあまり受けていなかった。この背景には地域の人達が障害児の母親の実情を知らない、触れ合う機会が少ないことが一つの要因になっているとも考えられる。このような状況にある障害児の母親に対して、例えば、障害児の学童保育の時間・学年の延長、長期休み中にショートステイ利用など、時間的、心理的負担や葛藤を減少させる具体的方策、子ども会や地域主催の運動会、バザー、お祭りなどの行事に障害児家族を積極的にさそうなど、障害児の母親が地域の方々の支援も得て子育てができる社会的な配慮とそのシステムの構築が必要とされよう。この様な支援を通して、障害児の母親が地域のなかで孤立せず、精神的にも追い込まれなければ、虐待などの危険性も回避できるのではないかと思われる。

【注】

1) ここで「思う」は、「よく思う」と「やや思う」の併せて記載することにした。同様に「思わない」なども「あまり思わない」と「全く思わない」の併せて記載した。

【引用文献】

江口委好・大野英子監修(1999)『きょうだいの目』全国障害者問題研究会出版部.

Bradshaw, J., and Lautor.D. (1978) Tracing the causes of stress in families with handicapped children. *Britisch Journal of Social Work*, 8, 181-191.

橋本厚生(1980)「障害児を持つ家族のストレスに関する社会学的研究」『特殊教育学研究』17 (4), 22-32.

広川律子編(2003)『オレは世界で二番目か？―障害児のきょうだい・家族への支援―』クエイツかもがわ.

Kratochvil, M.S., and Devereux, S.A. (1988) Counseling needs of parents of handicapped children. *Social Casework*, 69, 420-426.

中塚善次郎・蓬郷さなえ(1989)「障害児を持つ母親のストレスと家庭における夫婦の役割分担について」『鳴門教育大学研究紀要 教育科学編』4, 139-149.

新美明夫・植村勝彦(1985)「学齢期心身障害児をもつ父母のストレス」『特殊教育学研究』23 (3), 23-33.

中根成寿(2006)「知的障害者家族におけるジェンダー――知的障害者家族の父親の考察―」『知的障害者家族の臨床社会学』明石書店, 109-139.

西村辨作・原幸一(1996)「障害児のきょうだい達(1)」『発達障害研究』18, 56-66.

三浦剛(1992)「在宅精神薄弱者の母親の主観的疲労感」『社会福祉学』33, 64-87.

三原博光(1998a)「障害者の兄弟姉妹の生活意識について」『ソーシャルワーク

研究』23，4，55-59.

三原博光（1998b）「知的障害者の兄弟姉妹の生活体験について」『発達障害研究』20，1，72-78.

三原博光（2000a）『障害者ときょうだい―日本とドイツの比較調査を通して―』学苑社

三原博光（2000b）『上掲書』129.

Murphy A., and Pueschel, S. M. et al.（1973）Groupwork with parents of children with Douns Syndrome. *Social Casework*, 54, 114-119.

Seifert.M（1993）Geschwister in Familien mit Geistigen Behinderten Kindern.（=1994，三原博光訳『ドイツの障害児家族と福祉―精神遅滞児と兄弟姉妹の人間関係―』相川書房，48-58.）

吉川かおり（1993）「発達障害者のきょうだいの意識」『発達障害研究』14，253-263.

小笠原真佐子（1978）「いわゆる重症心身障害児（者）を持つ母親の心理社会的状況について」『ソーシャルワーク研究』4，217-224.

Polansky, N.A., Boone, D.R., Desax., and Aharalin, S.A.（1971）Psuedosticism in mothers of the retarded. *Social Casework*, 52, 643-650.

島田有規（1999）『知的障害と教育―母親ときょうだいのための障害児教育学入門―』朱鷺書房.

第3章

きょうだいの問題

第1節　きょうだいに関する研究動向

　障害者のきょうだいに対する研究については、きょうだいの性別、順序、障害者の障害の程度・種類などの要因からの報告が行われている。

1　きょうだいの性別と順序

1）きょうだいの性別

　多くの調査報告によれば、特に女性のきょうだいの場合、男性のきょうだいに比べて、障害をもつ本人の世話はよく行なうと言われている(Cleveland & Miller 1977 ; Lobato 1983 ; Fischer & Roberts 1983)。しかも女性のきょうだいの場合、子どもの頃のみならず、大人になってからも、見続けるという傾向がみられる。これは、両親からそのように期待されて育てられてきたからかもしれない。しかし、このことが逆に、女性のきょうだいにとって過剰負担となり、ストレスの原因となっていることが指摘されている。吉川（1993）は、女性のきょうだいの方が男性のきょうだいに比べて、両親に対する不満が強いと述べている。また、障害をもつ本人とのかかわりが多かった姉や妹は、かかわりの少なかった姉や妹に比べて、神経症的傾向になりやすいという報告もある(Schreiber 1984)。一方、男性のきょうだいの場合、障害をもつ本人とのかかわりは女性のきょうだいほど多くなく、障害に関する知識はあまり豊富ではないと言われている。

2) きょうだいの順序

Hackenberg（1987）は、障害を持つ本人の弟や妹にあたる場合、兄や姉にあたる場合に比べ社会適応において苦労していると指摘している。すなわち、健常者の兄や姉は、障害を持つ弟や妹が産まれる以前に、両親からの十分な愛情を既に受けてきており、しかも、それに加えて兄や姉という立場から、弟や妹の世話をすることに対して、それほど抵抗感がない。一方、障害を持つ本人の弟や妹にあたる者の中には、両親が障害児の世話に追われているため、十分な注目や関心が得られず辛い思いをしてきている者がいる。それに加えて、自分よりも年上の兄や姉が障害をもっているという状況は不可解であり、それについてなかなか理解できなかったという経緯もある。そのため、その後遺症として社会不適応を起こしやすくなるのではないかと思われる。それでも、彼らが成長し、障害をもつ兄や姉の状況についてだんだん理解できる年頃になってくると、兄や姉が示す目立つ行動も徐々に受け入れるようになっていくようである。

2　障害の程度と種類

1) 障害の程度

重度の障害児のいるきょうだいは、しばしば強い攻撃性、抑うつ感情、社会的孤立傾向を示すことがある（Hackenberg 1987）。しかも、これらのきょうだいの母親にも、抑うつ傾向が見られる場合がある。障害者が家庭内で物を壊したり、投げたりするような問題行動を起こすとき、周囲の者はかなり深刻な精神的ストレスにさらされ、抑うつ状態に陥ることもある。しかし、別の報告では重度よりも、軽度の障害をもつ兄弟姉妹がいる方が、きょうだいはその影響を大きく受けやすいという指摘もある。その結果、複雑な性格になったり、問題を抱えたりしやすくなるとも言われている。軽度の障害の場合、日常生活の処理（排泄、衣服の着脱等）や会話等においてはそれほど問題が目立たなくても、情緒的な面で問題を抱えていると、きょうだいとの間に激しい衝突が起こりやすい。それがきょうだいの性格にも反映されてしまうということもありうるであろう。

2) 障害の種類

障害の種類については、それがきょうだいの心理的適応にそれほど影響を及ぼさないという報告もある。Breslau et al.（1981）は、肢体不自由児のきょうだいと重複障害児のきょうだいの孤立や不安傾向、両親との葛藤等の心理的適応について調べてみた結果、それぞれの障害児のきょうだいに大きな差はなかったと報告している。また、Gath（1974）も、ダウン症のきょうだいと口蓋裂の障害のきょうだいの心理的適応には差が見られなかったと報告している。しかし、これらの報告とは別に、奇声やパニック等の特徴的な行動を示す自閉症児と、そのような行動を全く示さないダウン症児とでは、障害をもつ本人からのきょうだいへの影響は当然異なると思われる。

3　家族の規模

ある調査では、2人のきょうだい（障害児を含める）の場合、障害を持たないきょうだいの精神的負担がより大きくなると報告されている。それはおそらく、障害児の世話のために両親から過大な期待をかけられていると感じているからであろう。しかし、その一方で、両親は、障害児に対する満たされない思いの代償として、きょうだいに対しては、生活面等でいっそう頑張ってほしいという過剰な期待を持っているようである。

　子どもの数の多い大家族の場合も、問題を抱えやすい。ただしこの場合、きょうだい関係よりも経済的要因も大きくかかわるようである。きょうだいの人数が多い場合、特に健常者の長女が精神的負担を抱えやすいと言われている。長女は、両親の期待を一身に受け、障害を持つ兄弟姉妹も含めて、きょうだい全員の面倒を見なければならないという過剰な責任感を持ちがちだからである。

4　障害者との同居と別居（入所施設で生活している場合等）

障害を持つ本人が入所施設か、あるいは在宅で生活をしているかということが夫婦関係やきょうだいの生活に影響を及ぼすかについて検討した調査もある（Fowle 1968）。それによると、障害を持つ子どもが在宅で

も、あるいは施設に入所したとしても、それが夫婦関係に直接影響を及ぼすことはないという結果が出ている。しかし、障害を持つ兄弟姉妹と同居している場合の方が別居している場合よりも、きょうだいの心理的ストレスが高いという結果もある。特に、女性のきょうだいの場合、心理的ストレスが一層高くなることが示されている (Fowle 1968)。そのため、障害を持つ兄弟姉妹が入所施設に入所した場合、女性のきょうだいは世話をするという義務感から解放され、心理的ストレスが緩和されるようである (Lobato 1983)。

一方、男性のきょうだいにとって、障害を持つ兄弟姉妹は入所施設に入所させることは、決して好ましい結果をもたらさないかもしれない。なぜなら、男性のきょうだいの場合、障害を持つ本人が入所施設に入所することによって接触する機会が減り、責任を放棄してしまう恐れがあるからである (Hackenberg 1992)。しかし、一方では、障害を持つ兄弟姉妹が入所施設にいるか在宅でいるかということは、きょうだいの生活に何の影響も与えないという報告もあり (Caldwell & Guze 1960)、この問題についてはまだ明確な結論が出されていないようである。

5　両親の態度

両親が障害を持つ本人に思いやりのある態度をもって接すれば、きょうだいは一時的に嫉妬を感じたとしても、やがて両親の行動を見習い、障害を持つ兄弟姉妹に対して思いやりのある態度で接するようになっていくであろう。また、両親が地域の人々と、障害をもつわが子のことをオープンに包み隠さず話していれば、子どもも学校で同様の行動をとるようになるであろう (Graliker et al. 1962)。ただ、障害を持つ子どもに対する両親の態度ときょうだいの行動との直接的な因果関係については、欧米諸国では今の所まだ十分な調査が行われていない (Lobato 1983 ; ザイフェルト 1994)。

第2節　きょうだいの事例

　ここで、障害者のきょうだいの個別事例を紹介する。この事例を通して、障害者のきょうだいの具体的な生活意識を理解できると思われる。

1　2人の自閉症の兄を持つ木村由美さん（24歳）の事例

　木村由美さんは、大学の社会福祉学部卒業後、現在、知的障害者授産施設で生活指導員として勤務している。彼女は3人きょうだいの末っ子である。彼女の6歳年上の兄の弘さん（30歳）と4歳年上の兄の誠さん（28歳）の2人が自閉症の障害を持っている。すなわち、きょうだい3人のなかで由美さんのみが健常者である。

1）子どもの頃の体験

　由美さんは、2人の兄の弘さん・誠さんの障害を意識し始めた頃のことを次のように語っている。

　　2人の兄達の障害を意識し始めたのは、私が幼稚園の頃です。兄達の何かに固執する行動などを見ると、普通の子ども達とは何か違うなと感じました。

　由美さんは、子どもの頃、2人の兄や家族との思い出について、次のように語っている。

　　これは後で親に聞いた話ですが、誠さんは妹ができたことがとてもうれしく、私のことを"由美ちゃん、由美ちゃん"と言ってかわいがってくれたそうです。ですから、幼稚園、小学校の年齢になって、後ろから私を抱っこしようと思って、ぎゅっと抱きつき、バランスを崩して2人で倒れてしまったそうです。兄達とは楽しい思い出ばかりです。小さい頃は、家族全員でよく泊りがけで、お盆やお正月に父の実家の

方に行っていました。

　由美さんは、子どもの頃は、兄達や両親達の状況を理解することが困難であったが、彼女が成長していくなかで、少しずつ兄達や両親の事について理解できるようになった。だが、一方で、由美さんが、子どもの頃、2人の兄の弘さん・誠さんのことで辛い体験をしたことも次のように述べている。

　　私は、兄達と同じ小学校に通っていました。次兄の誠は、ある程度コミュニケーションが取れるのですが、長兄の弘はちがいました。何でも人の言うことを聞いてしまうので、おもしろがった男子達が、学校帰りに長兄を川の中に靴をはいたまま歩かせたことがありました。長兄がなかなか家に帰って来ないので、母が捜しに行ってみたらそういう状態でした。私も腹が立ちました。そのときの光景を見て、母は辛かったと思います。

　兄の障害のことで、このような辛い体験があったにもかかわらず、由美さんは両親の思いを理解しているようである。
　由美さんは、学生時代、友人達と兄の問題について語った内容を以下のように説明している。

　　学生時代、友人達ときょうだいの話題が会話のなかでみられました。私が、2人の兄を持っていると言うと、友人達がボーイフレンドとして兄を紹介して欲しいと冗談で言いました。そこで、私が2人の兄は自閉症であることを伝えると、友人達は一瞬黙ってしまいました。皆のなかにお兄さんと言えば、健康な男性というイメージがあるようです。

　このように、一般の健常者の世界の中では、障害者の存在をあまり考えないで会話をしていることが多いのではないかと思われる。

2) 現在の状況

　由美さんは、現在、知的障害者の施設職員として働いている。由美さんは、この職業を選択した経緯を次のように述べている。

> 　きょうだいが自閉症であったからという特別な理由はなく、資格のとれる学校に行こうと思っていました。近くのＡ大学であれば家から近いし、社会福祉学部に進むと社会福祉士、養護教諭の免許もとれると思い、この大学を選びました。大学の先生からＨ市に知的障害者の授産施設が新しくできることを聞き、受験したら、合格したので就職しました。

　由美さんは、職場で障害者の家族から相談を受けた場合、同様の家族環境である立場から共感できることが多いと語っている。しかし、その反面、家庭での障害者のしつけが不十分であることも感じ、以下のように説明している。

> 　私の働く施設の利用者は、毎週、帰省されます。その時に家族からきく話しのなかに、無断で家からふらっと出て行って、すごく心配したということがよくあります。思わず、"うちの自閉症の兄達もそうなんですよ"と言ってしまいます。しかし、一方では親がきちんとしつけておくべきだなと思う話もあります。私の目から見れば、私の親は非常に過保護だと思っていたのですが、他の障害者家族も過保護のようです。

　由美さんは、お兄さんたちの日々の問題行動について次のように述べている。

> 　長兄の弘は、パジャマだろうがスリッパだろうが、時間帯など関係なく散歩に出ます。彼は、出て行ったら、自分の気の済むまで帰って来ません。ただ水周りにこだわりがあり、知らないよその家に勝手に入っ

て洗面所のコップの向きやトイレのスリッパを揃えたり、トイレに勝手に入って使用させてもらうことがあるので、何回も警察のお世話になっています。

次に、もう1人の兄の誠さんの問題行動について、以下のように述べている。

　次兄の誠は、高校を卒業後、一般企業に就職しました。その頃は、全然問題はなかったのですが、そこをリストラされ、就職センターに通うようになってから、家でこだわりの行動が増えてきました。仕事をやめてから色々なことが気になり、ごみを拾ったり物のおき場所を点検したり、トイレにこもる時間やお風呂に入る時間が長くなってきました。

このように自閉症の場合、生活環境の変化によって様々な問題行動が生じてくることが、誠さんのケースを通して理解できる。また、由美さんは、お兄さんたちとの共同生活を否定的ではなく、楽しい出来事として捉えている。更に由美さんはお兄さんたちが2人とも自閉症であること、また、お兄さんたちの問題行動に対する思いを次のように語っている。

　物心ついたときには、兄達がいる状態が当たり前でした。兄達がいることでよかった、プラスになったと、特にそのように感じたことはありませんが、兄が2人とも自閉症だということで、悩んだことはありません。今の生活は大変ですが、慣れたという感じです。私自身、全然悲観的に考えてはいません。

由美さんは、両親の兄達への関わりや家族の中での自分の存在について、次のように語っている。

　母は、兄達のことで世間の荒波にもまれて、強くなったと感じます。

私の親戚関係は学校の先生が多いせいか、母親は自閉症の子どもを持ったことを周囲から責められることもなく、受け入れてもらったようです。父は、人に迷惑をかけてはいけないと言うことが頭にあって、しつけに厳しかったです。私と兄達の関係、一般のきょうだいとは違うと思います。きょうだいげんかは全然ないし、妹だけど姉のようになり、立場が逆転しているような感じです。

3）将来について

次に由美さんは、彼女自身の結婚や親亡き後の兄達との生活について次のように語っている。

今、結婚は考えていません。もしも結婚をするような話が出て来ても、兄達を理解してくれない相手とは絶対に結婚をしたいとは思いません。
兄達は、問題行動などは多々ありますが、わりと身の回りの自立はできていて、今も授産施設で働いています。可能であれば、きょうだい3人で生活したいと思います。しかし、私の人生は私の人生、兄達の人生は兄達の人生だと思います。親はときどき申し訳なさそうに、「将来的には施設に入れるだろうから、週末と盆、正月くらいは家で面倒見てくれ」というようなことを言っています。

4）木村由美さんの事例について

木村由美さんの事例をみる限り、自閉症の兄達との生活において、特に精神的負担を感じていないように見える。要因としては、両親の自閉症の子どもに対する積極的な養育態度や姿勢が影響していると思われる。また、彼女をとりまく環境も要因の一つではないかと考えられる。例えば、彼女の親戚は学校の先生が多く、自閉症の兄達を理解してくれたことも挙げられよう。

次に、彼女の職業について考えると、障害者のきょうだいがいるからといって、現在の職業を選択した訳ではないと語っている。しかし、子ども

の頃から障害をもったきょうだいと同居し、障害者の問題の重要性を直接肌で感じて成長してきただろう。施設職員としても他の障害者家族のよき理解者であろうが、なおかつ彼女自身、自分の家族を見つめ直し、新たな発見をする機会となっていると考えられる。障害者のきょうだいが、障害者本人から影響を受け、福祉、教育、看護関係の職種を選択する傾向が報告されている（三原 2000）。

　親亡き後の将来については、彼女は兄達と一緒に生活をしていきたいと考えている。現在、由美さんは結婚について特に考えていないが、将来結婚を考えるようになっても、兄達を受け入れてくれることを条件としている。障害者のきょうだいの多くは、結婚の際、婚約者に障害者の存在を理解してもらうことを心配しており、きょうだいにとって、障害者の存在と自分の結婚を完全に切り離して考えることは、難しい面もあるのかもしれない。

2　親亡き後、知的障害の姉の世話をする竹下緑さん(42歳)の事例

　家族構成：長女の純子さん（43歳）が中度の知的障害者。二女の緑さんは42歳。三女の知美さんは39歳。緑、知美さんは共に独身。両親は既に死亡。緑さんは、両親が経営していた雑貨店の経営を引き継ぐ。知美さんは一般企業に勤め、管理職の立場にある。緑さんが、純子さんと知美さんの食事などの世話をしている。

1）両親の死について
　緑さんは、母親の死の辛かった様子について、次に述べている。

　　母は50歳の若さで、噴門ガンの病気で亡くなりました。母の病気がガンであると聞いたとき、何故、母がそのような病気になったのか、しかも、もう手遅れということで、家族全員非常にショックを受けました。母が亡くなったとき、知的障害の姉は、母の死を理解していたようで悲しそうな顔をしていました。私は母の病気がガンと分かってから、家やお店の世話をするために、勤めていた会社を辞めました。

続いて、父親を亡くしたときの様子も以下に述べている。

　父は母の死後から10年後に亡くなりました。そのとき父は61歳、肺ガンでした。手術を受け成功をしたにもかかわらず、再発で亡くなったとき、子ども達全員が非常に悲しい思いをしました。葬儀のあと、お客さんや親戚が帰って子ども達だけになると、自分達が取り残されてしまったという寂しい気持ちになりました。

両親の死によって、緑さん家族が悲嘆の状況にあることが理解できるが、その後、緑さんきょうだいが、地域の住民、施設職員から励ましの支援を受け、前向きになった様子が以下のように述べられている。

　両親が亡くなり仕事をせずに家に閉じ籠もっていると、近所の人が私達家族を励ます目的で、店を開けて欲しいと言ってくれました。また、純子さんの通う知的障害者施設職員も家族を訪ね、励ましてくれました。私は両親の死のことで悲しみだけに浸っていられないと思い、店を開き仕事を始めました。

2）知的障害の姉の純子さんの問題

緑さんは、知的障害の姉の純子さんが一般事業所で就労していたときのいじめられた体験を以下のように説明をしている。

　姉は、7年間、老人保健施設の厨房で調理の仕事に関わってきました。他の職員と同じ時間数の仕事をしながら、給料はわずか3万円でした。姉の障害を理解してくれる上司がいたとき、姉はとても満足して仕事をしていました。その上司が配置替えで別の部署に行き、そのあとに障害者について全く理解のない上司が来ました。そして、その上司からいじめを受け、仕事を辞めました。

仕事を辞めた後の知的障害の姉の純子さんの問題行動について語っている。

> 姉は、仕事を辞めた後家でぶらぶらしていたとき、私の後を付いてくる行動が激しく見られました。トイレや風呂など私がどこに行くのにも、姉が私の後を付いてくるのでした。姉は両親が亡くなり、今度は私もいなくなるのではないかと不安になり、私の後を追い付く行動を示すようになったと思います。

だが、姉の純子さんの緑さんへの後追い行動は、再度、働く場所を見つけると収まってきたことを以下に報告している。

> しばらくして、姉は、以前通っていた市内の知的障害者の事業所に通い始めると、私の後をつけ回す行動は見られなくなりました。

姉の純子さんも自分の仕事を見つけ、目標をもった時間を過ごすことができるようになったことにより、後追い行動がなくなったと思われる。

3) 現在の生活

両親は亡くなったが、姉の純子さんを中心に家族の絆がみられ、楽しい体験をしている。

> 毎年、盆休みは3人で過ごし、1年に1回、2-3日間、3人で旅行をするようにしています。近所の人達は知的障害の姉について知っているので、よく声かけをしてくれ、家族全体を心配してくれます。両親が亡くなっている状況で、知的障害の姉の世話をしながら頑張っているという理由で、社会福祉協議会から表彰状をもらい、うれしい体験をしました。

ただ、時々、緑さんを襲う寂しさやストレスの対処方法について以下の

ように述べている。

> 時々、両親の仏壇の前で、涙を流しながら、何故、両親は早く亡くなってしまったのか、どうして、こんなに苦労をしなければならないのかと愚痴をいうこともあります。しかし、そうすることで、ストレスを発散することができます。

4) 緑さんの結婚について

緑さん自身の結婚について、彼女は次のように語っている。

> 両親は生存中、私によく結婚の見合い話を持ってきましたが、当時、私は22歳で若かったせいもあり、結婚をする気持ちはありませんでした。母の死後、私が母の役割をし、忙しくなったので、結婚については考えなくなりました。

そして、緑さんは自分の結婚と知的障害の姉の純子さんの関係を以下の様に述べている。

> ただ、両親が亡くなってからも、知人や親戚の人がお見合いの写真をもって来て、お見合いを勧めるので、写真をもってきた人に姉の障害について先方に話しているかどうかを尋ねました。そうすると、話していないとのことだったので、お見合いを断りました。私は、姉の障害を隠してまで、お見合いをしようとは思いません。

5) 竹下緑さんの事例について

緑さんの事例は、両親が亡くなったあと、妹の緑さんが両親に代わり、知的障害の姉と健常者の妹の世話をしている。この事例は、両親が亡くなり、障害者のきょうだいだけで生活をして行くことの精神的大変さを示している。そのような状況のなかで、地域住民や純子さんが通っていた知的障害者施設職員がきょうだいを励まし、緑さんたちが前向きに生活するよ

うになった。障害者のきょうだいが地域から孤立することなく生活をするためには、地域住民などからの暖かい支援が必要とされよう。

　緑さんが両親の仏壇の前で、何故、両親は早く亡くなったのか、どうしてこんなに苦労をしなければならないのかなどの愚痴を言い、涙を流すことでストレスの否定的感情を発散させていた。緑さんのように、両親に代わり、障害を持つきょうだいを世話しているきょうだいには、不満・愚痴を述べるなどの否定的感情の発散の機会が必要となるであろう。というのは、そのような機会を与えられなければ、きょうだいは大きなストレスにより精神的葛藤、うつ的状態になると思われるからである。

第3節　きょうだいの意識調査[注1)]

　本節では、筆者が障害者のきょうだいに対して実施した質問紙調査結果を報告する。調査内容は、障害者のきょうだいの幼少期の体験、両親とのかかわり、きょうだいの学校での体験、きょうだいの結婚、親亡き後の障害者の世話などの意識を明らかにすることであった。

1　調査概要

　調査対象者について、N市、H市の知的障害者育成会の家族の障害者のきょうだい、並びにH県、O県の二つの知的障害者施設（入所）の入所者のきょうだいが調査対象となった。調査対象となった地域は都会で、かつ住民の社会福祉の関心が高い場所であったという要因を踏まえて、調査結果を検討する。調査方法は、質問紙方法を採用した。各知的障害者育成会と各知的障害者施設の保護者会に質問紙用紙を配付、記入を依頼し、後に回収した。調査用紙には、きょうだいの性別／年齢／職業／きょうだいの数、既婚及び未婚、障害者の性別／年齢／程度／居住場所などの項目が含まれていた。主な質問項目の内容は次の通りである。①きょうだいの子どもの頃の体験、②きょうだいの学校での体験、③両親と障害者のきょうだいとの関係、④きょうだいの結婚について、⑤親亡き後の障害をもつ兄弟姉妹の世話について、⑥きょうだいの社会的活動への参加（親の会活動

への参加、障害者のきょうだい会の設立について）⑦障害をもつ兄弟姉妹を通しての内面的変化（例：価値観、社会観、人生観など）。調査期間は1995年10月から1996年2月までであった。

2　調査結果及び考察[注2)]

表と図の結果から、調査対象者のきょうだいの約半数の年齢は20歳代と30歳代であり、職業は学生とサラリーマンが多いことが分かる。また、調査用紙の記入者は、若干女性の数が多く、未婚者は約3分の2であった（表3-1、図3-1から図3-3）。障害をもつ兄弟姉妹の大部分は知的障害であり、彼らの居住場所は、入所施設と通所施設が、それぞれ約半数ずつであった。

表3-1　年齢

10-19歳	22人	(18.6%)
20-29歳	50人	(42.4%)
30-39歳	23人	(19.5%)
40-49歳	10人	(8.5%)
50-59歳	6人	(5.1%)
60歳以上	7人	(5.9%)
合　計	118人	(100%)

1）きょうだいの子どもの頃の体験

①障害をもつ兄弟姉妹と遊んだ経験

「遊んだ」92名（78.0%）、「遊ばなかった」26名（22.0%）と回答し、大部分のきょうだいが障害をもつ兄弟姉妹と

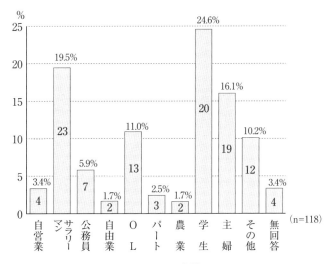

図3-1　職業

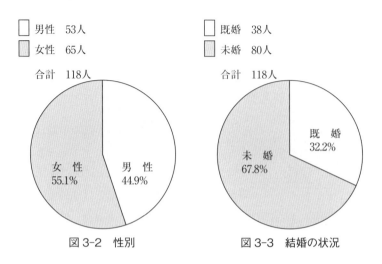

図 3-2　性別　　　　図 3-3　結婚の状況

一緒に遊んだ経験を持っていた。一緒に遊んだ経験のなかでも、性別による違いがみられた。表 3-2 の結果から、女性のきょうだいの方が、男性のきょうだいよりも障害をもつ兄弟姉妹とよく遊んでいた傾向が有意的に示された（$\chi^2=5.65, p<.05$）。女性のきょうだいの方が、男性のきょうだいよりも障害をもつ兄弟姉妹と一緒に遊んでいたようである（表3-2）。

②障害をもつ兄弟姉妹とのケンカの経験

「ケンカをした」64 名（54.2％）、「ケンカをしなかった」54 名（45.8％）と回答し、約半数のきょうだいが障害をもつ兄弟姉妹と「ケンカをした」経験を持っていた。ケンカときょうだいの順位関係については、きょうだいが障害者よりも妹や弟は、障害者よりも姉や兄の場合に比べて、ケンカを起こす比率がぐっと高くなる傾向がみられた。表 3-3 の結果から、障害者よりも妹や弟の場合の方が、ケンカをする比率が高くなる傾向が有意的に示された（$\chi^2=6.401, p<.05$）。これは、障害者よりも妹や弟の場合、障害者の状況を理解するのが難しい面を示している（表3-3）。

③障害をもつ兄弟姉妹との外出

「外出をした」88 名（74.6％）、「外出をしなかった」30 名（25.4％）と回答し、大部分のきょうだいが外出していた。障害をもつ兄弟姉妹との外

表 3-2 障害をもつ兄弟姉妹と遊んだ
経験の割合（性別による）

項目＼性別	女性のきょうだい	男性のきょうだい
遊んだ	56 人（86.1％）	36 人（57.1％）
遊ばなかった	9 人（13.9％）	17 人（42.9％）
合計	65 人（100％）	53 人（100％）

表 3-3 障害をもつ兄弟姉妹とケンカした
経験の有無（きょうだいとの順序）

項目＼きょうだいの順序	障害者より兄または姉	障害者より弟または妹
ケンカをした	23 人（41.8％）	41 人（65.0％）
ケンカをしない	32 人（58.2％）	22 人（35.0％）
合計	55 人（100％）	63 人（100％）

出においても、表 3-4 の結果から、女性のきょうだいの方が、男性のきょうだいよりもよく外出している傾向がみられた（$\chi^2=16.139, p<.01$）。一緒に外出した時、「楽しかった」と答えたのは、女性のきょうだいが 12 名であったのに対し、男性のきょうだいは、わずか 1 名だけであった。この結果から、女性のきょうだいの方が、障害をもつ兄弟姉妹とよくかかわっていることが分かる（表 3-4）。

表 3-4 障害をもつ兄弟姉妹との外出について
（性別による）

項目＼性別	女性のきょうだい	男性のきょうだい
よく外出した	28 人（96.5％）	9 人（47.3％）
ほとんど外出しなかった	1 人（3.5％）	10 人（52.7％）
合計	29 人（100％）	19 人（100％）

2) きょうだいの学校での体験

①学校の友達は、障害をもった兄弟姉妹について知っていたのか

「知っていた」97名（82.2％）、「知らなかった」19名（16.1％）と回答し、大部分の友達は、学校できょうだいに障害をもった兄弟姉妹がいることを知っていた。

②学校での辛い体験の有無

「辛い体験をした」37名（31.6％）、「辛い体験をしなかった」80名（68.4％）と回答し、多くの者は「辛い体験はしていなかった」が、それでも約3割のきょうだいは、「辛い体験をしていた」と回答している。辛い体験の内容は、約半数が障害をもつ兄弟姉妹のことで「笑われた」と答えている（図3-4）。しかも、辛い体験をしたと答えたきょうだいの年齢層は、10代から60代までの全体の年齢層に渡っており、障害をもつ兄弟姉妹の存在によって、きょうだいは、どのような時代であったとしても、差別的体験を受けていると考えられる。

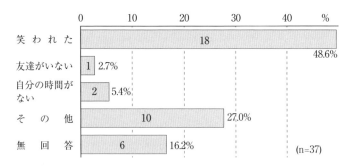

図3-4　学校で辛い思いをしたときの理由

3) 両親ときょうだいとの関係

①障害をもつ兄弟姉妹について両親との話し合い

きょうだいの97名（82.2％）が、障害をもつ兄弟姉妹について両親と「よく話をした」と答えている。また、話をした時期については、小、中学校頃、就職後とほぼ、各年齢段階で話をしている（表3-5）。高校、大学の時期は、きょうだいは自分の学校生活を中心に考えるようになったため、両親との

会話が少なくなったと思われる。就職後によく両親と話をするようになったものが21名(21.6%)存在する。これは、きょうだいが就職して社会的に自立し、両親や家族全体の状況を理解できるようになったため、両親と障害をもつ兄弟姉妹について話をするようになったのではないかと思われる。

②悩んでいるとき、誰が一番、助けてくれたのか

きょうだいが悩んだとき、約半数のきょうだいは「両親」が助けとなったと答えている（図3-5）。通常、学校に通っている時期の子どもは親よりも友人に相談するのであるが、意外な回答結果は、「友人」が16.1％で少なかった点である。大部分のきょう

表3-5 きょうだいが障害をもつ兄弟姉妹のことについて両親とよく話すようになった時期

小学校前	8人 (8.2%)
小学校頃	20人 (20.6%)
中学校頃	23人 (23.7%)
高校頃	16人 (16.5%)
大学頃	7人 (7.3%)
就職後	21人 (21.6%)
無回答	2人 (2.1%)
合計	97人 (100%)

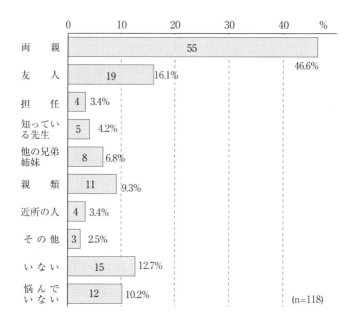

図3-5 悩みの相談相手

だいは、友達が障害をもつ兄弟姉妹のことを知っていると回答したにもかかわらず、友達に障害者のことで相談するとなるとわかってもらえないと思うのかもしれない。

③両親は友達の訪問を歓迎してくれたのか

「歓迎してくれた」100名（86.9％）、「歓迎してくれなかった」15名（23.1％）と回答し、大部分のきょうだいは、両親がきょうだいの友達の訪問を積極的に「歓迎してくれた」と回答していた。両親のきょうだいへの配慮が、きょうだいとの好ましい関係に影響を及ぼしていると考えられる。

④両親の障害をもつ兄弟姉妹に対する養育的態度

両親の障害をもつ兄弟姉妹に対する養育態度については、約半数のきょうだいが両親は障害者の世話を「よくしている」と評価している（図3-6）。

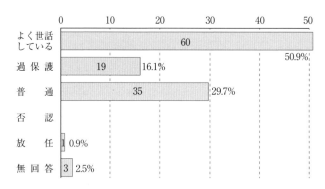

図3-6　障害をもつ子どもに対する両親の養育態度

4）きょうだいの結婚について

①結婚の際、障害をもつ兄弟姉妹の存在について考えたか（考えるのか）

「考えた」72名（64.2％）、「考えなかった」40名（35.8％）と回答をし、半数以上のきょうだいが、結婚の際、障害をもつ兄弟姉妹のことを「考えた」（考える）と回答していた。

②結婚の際、婚約者に障害者のことを伝えるとき、勇気が必要であったか（必要であると思うか）

既婚者38名のうち、婚約者に障害者のことを伝えるとき、勇気が必要であったかどうかは、回答結果がほぼ半数に分かれ、大きな差がみられなかった（図3-7）。また、未婚者の場合も、「勇気が必要である」「勇気が必要ではない」と回答結果がほぼ半数に分かれ、ほぼ同様な傾向がみられた（図3-8）。このように、婚約者に障害をもつ兄弟姉妹のことを伝えるとき、「勇気が必要である」「勇気が必要ではない」と、回答結果がほぼ半数ずつに分かれており、断定的な結論は示されなかった。しかし、きょうだいの約6割は、結婚の際、障害をもつ兄弟姉妹の存在を考えると答えて

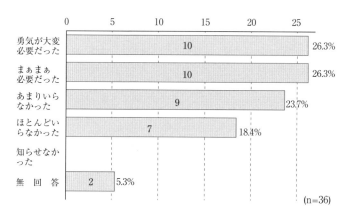

図3-7　結婚に際しての告知（既婚者）

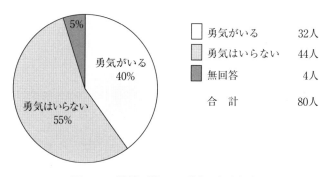

図3-8　結婚に際しての告知（未婚者）

いた。つまり、多くのきょうだいは、心のなかで、何らかの形で障害者の存在を意識していると言えよう。

③結婚の際、相手の両親や親類は、障害をもつ兄弟姉妹のことで何か不満をいったのか（既婚者に対して）

図の結果から、大部分のきょうだいは、結婚の際、とくに結婚の相手の両親や親類から「不満を言われなかった」（図3-9）。これは、相手の両親も障害をもつ兄弟姉妹の状況を理解した上で、結婚を承諾した結果によるものなのか、あるいは、例え相手の家族との問題があったとしても、それを押し殺して、模範的な回答を示した結果によるものであるのか、明確ではない。

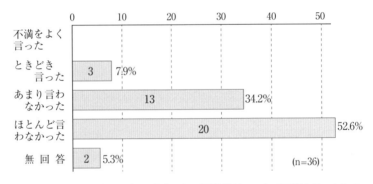

図3-9　結婚相手の両親は障害をもつ兄弟姉妹のことで不満を言ったか？

④子どもをもつことに不安があったか（既婚者に対して）

「不安がなかった」21名（55.2％）、「不安があった」16名（42.1％）と回答結果がほぼ半数に分かれていた。

⑤障害をもつ兄弟姉妹の存在が、将来、結婚の障害になるか（未婚者に対して）

「障害になる」33名（41.3％）、「障害にならない」38名（47.5％）の回答結果となり、やはり、ほぼ半数に分かれていた。

5）親の亡き後の障害をもつ兄弟姉妹の世話について

①両親は、将来、きょうだいに障害をもつ兄弟姉妹の世話を期待していると思うか

「期待している」59名（55.1％）、「期待していない」48名（44.9％）と回答し、ほぼ半数に分かれた。これは、両親が、将来、きょうだいに障害をもつ兄弟姉妹の世話を期待したい反面、同時に彼らに負担をかけるという親の揺れ動く心の状態を反映しているのではないか思われる。

②親の亡き後、障害をもつ兄弟姉妹の世話をしようと思うか

「世話をする」97名（89.8％）、「世話をしない」11名（10.2％）と回答し、大部分のきょうだいは、障害をもつ兄弟姉妹の「世話をする」と回答していた。また、世話の仕方は、約半数が「施設訪問」と答えている（図3-10）。

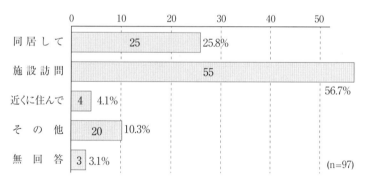

図3-10　障害者の世話の方法について

③親の亡き後、障害をもつ兄弟姉妹の世話について国や地方自治体に何を期待するのか（複数回答可）

「経済的援助」や「施設の充実」などの回答は、親の亡き後の障害者の世話としてのきょうだいの施設訪問や障害者との同居との回答と関連していると思われ、きょうだいの現実的希望がうかがえる（図3-11）。

88　第1部　障害者家族の問題

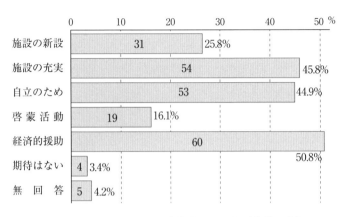

図 3-11　きょうだいの国や自治体への要望（複数回答）

6) きょうだいの社会的活動への参加（親の会の活動への参加、障害者の兄弟姉妹会の設立について）

①両親と一緒に親の会の活動（例：親子キャンプ、チャリティバザーなど）に参加したことがあるか

「参加したことがある」49名（40.5％）、「参加しなかった」64名（54.2％）と答えていた。きょうだいの親の活動への参加、不参加は約半数であった。

②障害者の兄弟姉妹会を設立する必要があると思うか

「必要」43名（40.9％）、「不必要」62名（59.1％）と回答し、「不必要」と回答したきょうだいの方が多かった。

7) 障害をもつ兄弟姉妹を通しての内面的変化（例、価値観、社会観、人生観など）

①障害をもつ兄弟姉妹の存在によって、何かが変わったか（例、価値観、社会観、人生観など）

「変わった」54名（53.4％）、「変わらなかった」47名（46.4％）の回答結果となり、大きな差はみられなかった。しかし、障害をもつ兄弟姉妹を通して、内面的変化が起こっていると回答した約53％の数値は、一般の人々と比べると非常に高い数値であると思われる。きょうだいの生活のな

かで、障害をもつ兄弟姉妹の影響が大きいことが分かる。

3　全体的考察

本調査結果を通して、ある程度、障害者のきょうだいの生活体験について把握することができたのではないかと思われる。

小学校時、大部分のきょうだいは、障害をもつ本人と一緒に遊んだり、外出していたが、女性のきょうだいの方が男性のきょうだいよりも障害をもつ本人との関わりをよくしている傾向が見られた。女性のきょうだいが、男性のきょうだいよりも障害者の世話をよくする傾向については、他の文献でも指摘されている（Cleveland & Miller 1977 ; Fischer & Roberts 1983 ; ザイフェルト 1994）。

きょうだいと障害者のケンカについては、きょうだいよりも年下の場合、ケンカの比率が高くなることが示された。特に年齢に関する問題では、両者の年齢が接近している場合、対立が多いと言われている（西村・原 1996）。きょうだいが障害者よりも年下であったり、あるいは年齢が接近しているケースはきょうだいにとって、冷静にかつ客観的に障害者の状況を把握するのが難しいであろうし、また両者の関係が悪化する場合も考えられる。例えば、ある障害をもつ兄が妹とケンカをしたとき、妹をよくたたくため、妹は兄を施設に預けて欲しいと両親に訴えたとする。もしも両親が妹の訴えを受け入れ、障害者の兄を施設に預けていたならば、妹と兄がお互いに理解する機会が少なくなってしまうと考えられる。そこで、きょうだいと障害者のケンカによって、お互いの信頼関係が崩れないような配慮が両親や教師に必要とされるであろう。

次にきょうだいの3分の1が学校で障害者の存在を通して、辛い体験をしている。しかも、辛い体験をしているきょうだいの年齢は全般に渡っている。現在、ノーマライゼーションの理念によって、障害者の人権の擁護が主張されるようになったとは言え、この結果は現代社会が、なおも障害者の家族に偏見を感じさせていると解釈しても良いであろう。その意味で、障害者の家族が地域のなかで偏見を受けることなく生活できるような環境作りが福祉や教育関係者の間で必要とされる。

両親とのかかわりについては、大部分のきょうだいが障害者について両親とよく話をしていた。しかし、このような現象は自然に生まれたものではなくて、両親のきょうだいに対する配慮も大きな要因になっていると思われる。本調査のなかで、100名（86.9%）のきょうだいは、両親がきょうだいの友達の訪問を歓迎してくれたと回答していた。また、あるダウン症の兄を持つ妹は本調査の自由記述欄に「障害を受けた兄のために、家族が一緒に旅行をすることができなかった。しかし、逆に両親は、そのことで私が友達と一緒に旅行をしたり、友達を家に招待するのに積極的な理解を示してくれた」と述べていた。このような両親の配慮が兄弟姉妹と両親の関係に好ましい影響を及ぼし、両親との会話を引き起こしたと考えられる。そして更に、きょうだいと両親の好ましい関係が両親の亡き後の障害者の世話をするという高い回答率に影響を及ぼしていると考えても良いであろう。ただ、本調査に回答したきょうだいは、すでに障害者や両親との葛藤をある程度解決してきたと思われる。西村・原（1996）は、「この種の研究に協力してくれる者は、子どもの時期や家族生活に肯定的にとられる者達であり、家庭生活が苦渋に満ちたものであったととらえる者たちには、面接や質問紙に応えるには負担であり、おおそらく調査には協力してくれないであろう」と述べており、本調査結果が障害者のきょうだいの一般的傾向を示すと言えないかもしれない。

　次に大部分のきょうだいは、自分達の結婚と障害者の存在は別問題であると感じながらも、同時に心のなかで何らかの形で障害者の存在を意識しているアンビバレントな状態にあることは、結婚に関する設問の回答結果がほぼ半数に分かれたことからも理解できよう。これは、家族内におけるきょうだいの独自の立場によって生じたものであると思われる。例えば、きょうだいは両親の立場とは異なり、幼少期や児童期に障害者と過ごすことがあったとしても、徐々に新しい友達を地域や学校のなかで持ち、自立し、自分の人生を歩もうとする。一方、両親は常に親の立場から障害者とかかわろうとし、極端に言えば、自分の人生の終わりまで、障害者と共に歩もうとする。もしもきょうだいが両親の態度や考え方を全く同一視してしまったとするならば、自分の生活よりも障害者の生活の方が重要となり、

極端な場合、結婚を諦める事態が生じるであろう。その意味で、障害者のきょうだいが自分の結婚と障害者の問題は別であると考えるのは当然であるが、だからと言って、目の前で障害者の養育で苦労している両親の姿を見ているので、簡単に割り切れないのである。

　また、婚約者に障害者のことを伝えるとき、「勇気がいらなかった」あるいは「障害者の存在が将来の結婚の障害にならない」と回答した約4割から5割のきょうだいは、別の視点から捉えると、障害者を特別な存在としてではなく、ごく当たり前のきょうだいとして考えているのかもしれない。一方、「勇気がいった」「障害者の存在が結婚の障害になる」と回答したきょうだいは、過去、障害者とのかかわりのなかで、様々な苦労や社会的偏見を体験したのかもしれない。結婚問題については、このような障害者のきょうだいの状態の気持ちを受容しながら、彼らに対して心理的サポートを行うべきであると思われるし、今後、個々の障害者のきょうだいと面接しながら、結婚に関する設問の回答結果がほぼ半数に分かれた要因を追及して行くことも必要とされよう。

　以上の内容に加えて、障害者のきょうだいは、障害者の養育においても重要な役割を果たすと思われる。過去、障害者や子どもへの訓練は、母親を重視する立場が見られた。なぜならば、母親は子どもと接触する時間が多いため、母親を訓練者として育成すれば、子どもへの訓練的効果も期待できると考えられたからである（武田・立木1981）。ところが、両親は立場上、障害者に対して過保護になる傾向があり、訓練を冷静に進めることができない場合がある。そのような時、両親と異なる立場に立つきょうだいが訓練に参加することで、両親の訓練の助けになると考えられる（Ranier & Pratt 1978）。その意味で、障害者のきょうだいは障害者の養育に対して重要な社会資源になると思われるし、この点を踏まえて、障害者の家族に対するケースワーク的介入が行われるべきであろう。

【注】

1) 本調査結果は、三原博光著（2000）『障害者ときょうだい―日本・ドイツの比較調査を通して―』学苑社，85-112.からの一部転載による。
2) 本考察は、以下からの一部転載による。
   ①三原博光（1998）「障害者の兄弟姉妹の生活意識について」『ソーシャルワーク研究』92，55-59.
   ②三原博光（1998）「知的障害者の兄弟姉妹の生活意識について―幼少期の体験や両親とのかかわりなどを中心に―」『発達障害研究』20，1，72-78.

【引用文献】

Breslau, N., Weitzman, M., and Messenger, K. (1981) Psychologic functioning of siblings of disabled children. *Pediatrics,* 67, 344-353.

Cleveland, D., and Miller, N. (1977) Attitude and commitments of older siblings mentally retarded adults: A explaratory study. *Mental Retardation.* 3, 38-41.

Caldwell, B., and Guze, S. (1960) A study of the adjustment of parents and siblings of institutionalized and non- institutionalized retarded children. *American Journal of Mental Deficiency.* 64, 845-855.

Fischer, J., and Roberts, S.C (1983) The effects of the mentally retarded child on his siblings. *Education.* 103, 399-401.

Fowle, M. (1968) The effect of the severly mentally retarded child on his family. *American Journal of Mental Deficiency.* 73, 468-473.

Gath, A. (1974) Siblings reaction to mental handicap:a comparison of the brothers and sisters of mongol children. *Journal of Child Psychology and Psychiatry,* 15. 187-198.

Graliker, B.V., Fisher, K., and Koch, R. (1962) Teenage reaction to a mentally retarded siblings. *American Journal of Mental Deficiency.* 66, 838-843.

Hackenberg, W. (1987) Die psycho-soziale Situation von Geschwistern behinderter Kinder, Schindele.

Hackenberg, W. (1992) Geschwister behinderter Kinder im Jugendalter Problem und Verarbeitungsformen, Marhold.

Lobato, D. (1983) Siblings of handicapped children: a review. *Journal of Autisumus and Developmental Disorder*, 13, 4, 347-364.

三原博光 (2000)『障害者ときょうだい―日本・ドイツの比較調査を通して―』学苑社.

西村辨作・原幸一 (1996)「障害児のきょうだい達 (1)」『発達障害研究』18, 56-66.

Ranier, R. F., and Pratt. T. C (1978) Siblings Therapy. *Social Work*, 23, 418-419.

Schreiber, M. (1984) Normal siblings of retarded persons. *Social Casework*, 65, 420-427.

武田建・立木茂雄 (1981)『親と子の行動ケースワーク』ミネルヴァ書房.

ザイフェルト, M. 著・三原博光訳 (1994)『ドイツの障害児家族と福祉』相川書房.

吉川かおり (1993)「発達障害者のきょうだいの意識」『発達障害研究』14, 253-263.

第4章

障害者家族における知的障害者の高齢化問題

　2007年、57歳の障害者の息子を介護してきた80歳の母親が息子の老後を悲観し、母子ともに海で遺体として発見されるという痛ましい事件が起きた[注1]。障害者の家族では、障害者と両親の高齢化という二重の介護に直面しており、障害者と両親の高齢化が進むに従って、"介護疲労""老後不安"から親子心中の割合が高くなると言われている。一方、知的障害者施設では、利用者の高齢化・老化が問題となり、施設が利用者の介護支援に苦慮していることも報告されている[注2]。

第1節　知的障害者の高齢化動向

　知的障害者の高齢化問題が如実に報告されている場面は、知的障害者施設においてである。ここでは、知的障害者施設で報告されている知的障害者の高齢化問題を紹介する。

　知的障害者更生施設（入所）では利用者で60歳以上の者の比率が1985年には2.3％だったものが、1999年には8.8％となり、施設における高齢知的障害者数の増加が報告された[注3]。また、日本知的障害者福祉協会による2004年度の全国的調査では、知的障害者更生施設（入所）の75.4％、授産施設（入所）の68.8％が入所者の高齢化・老化が問題視され、特に入所者の日常生活行動における援助・介助、保健・医療の支援に苦慮していることが報告されている。施設における高齢知的障害者の支援問題は、決して新しい問題ではなく、既に1970年代に施設関係者から指摘されている。金築（1976）は、がんにより人生の末期を入所施設で過ごすことになった

高齢知的障害者のケアの難しさを、岩見（1976）は家族（特にきょうだい）と良い人間関係を持てない高齢知的障害者には、施設が安らぎの場になっているとこを指摘している。1970年代後半になると、入所施設が親亡き後の障害者支援の場になると考えられ、入所施設が全国に建設された。その時、施設に入所した知的障害者が高齢となり、彼らへの支援が検討された。そして、数は少ないが、1980年代に高齢者専用施設が知的障害者施設において建設されてきた。しかし、高齢者専用の施設は他の利用者との分離となり、ノーマライゼーション原理に反するなど高齢者専用施設に反対する意見を紹介した論文も見られた（及川・清水 1992）。

　知的障害者問題の研究者達は、施設内の知的障害者の早期老化に関心を持つようになった。櫻井（1987）は、知的障害者の早期老化現象を調べるために、1980年、知的障害者入所施設利用者 1286 名の身体的・心理的状況について職員への聞き取り調査を行った。その結果、利用者の30歳代 28.2%、40歳代の 80.5%、50歳代の 98% に一般老人に見られる特徴の出現が認められ、特にダウン症者の場合、30歳代の男性の 40%、女性の 77.7% に老化の特徴が見出され、毛髪や皮膚、歯などの外見上の老化現象、そして運動機能低下、精神機能低下などの老化現象がみられたことを報告している。横田（1998）は 52 歳の早期でアルツハイマー病を発症したダウン症者の個別事例を紹介した。しかし、一方で、知的障害者の老化は一般的な人々と同じであるという報告も行われた。及川と清水（1991）は、知的障害者施設入所者の 20 歳から 70 歳の 195 名を対象に 1 年間の通院回数と疾病内容を調査した結果、加齢と高血圧、糖尿病、白内障などの慢性疾患の関係は認められたが、その傾向は、健常な高齢者と異なるものではないことを報告した。今村（1999）は、知的障害者の早期老化は個人差があったとしても、彼らの高齢化の基準は、一般の高齢者と同じ「60歳」であると述べている。[注4] しかし、知的障害者施設の現場では 65 歳未満であったとしても、身体的な老化が早く進むケースがあり、そのような場合、特別養護老人ホームへ入所した方が良いとする指摘が施設現場サイドからある（大阪・草笛の家 2004）。滝本（2000）も 40 歳代、50 歳代になった知的障害者は同年代に比べて外見的にも機能的にも早期老化があると指摘し

ている。知的障害者の早期老化問題の論議のなかで、秦(1995)と山崎(1999)は、知的障害者更生施設（ゆたか希望の家）の利用者で、「身体障害」「糖尿病」「精神障害」などの疾病を抱える数名の高齢知的障害者の事例を紹介し、彼らの日常生活の支援の難しさを指摘している。石渡（2000）も施設における高齢知的障害者に対する健康管理対策として、栄養指導の取組を指導している二つの施設の事例を紹介している。

第２節　知的障害者の高齢化に対する親の意識

前述した研究者や障害者施設報告による知的障害者の高齢化問題を、親がどのように意識しているのか、質問紙調査で調べた。ここで、その調査結果を報告する。

1　調査対象者

中国地域内の知的障害者施設（通所授産・入所更生）、およびＫ市内の知的障害者育成会に関わる知的障害者の親を調査対象者とした。調査期間は2004年4月から2006年2月までであった。

2　調査方法

質問紙調査を採用した。調査は、質問紙調査実施の承諾が得られた団体の代表者を通して、その親に質問紙を配布した。回収には各団体への留め置きと郵送法の併用で行った。倫理的配慮については、調査用紙に個人が特定されないことや調査結果が研究以外の目的に使用されないことを記述した。

3　調査内容

調査項目の内容は次の通りであった。①知的障害者の老後について（1.非常に不安である～4.ほとんど不安ではないの4件法）、②知的障害者の高齢についての印象（子どもの加齢感：1.よくある～4.ほとんどない　の4件法）、③きょうだいへの介護の期待（1.非常に期待をする～4.ほとん

期待をしない の4件法)、④職場での定年制の導入(1.非常に必要である～4.全く必要ではない の4件法)、⑤高齢知的障害者の生活場所、⑥自由記述、⑦記入者と障害者基本的属性(居住地、続柄、年齢、障害名、障害の程度、日中の生活場所)。調査項目の作成は、知的障害者の老化の論文(櫻井 1987;及川・清水 1991、1992)や知的障害者の家族問題に関する調査報告を参考にし(三原 2006)、知的障害者の老化とその支援に関する親の気持ちの把握を中心に筆者が独自に作成した。分散分析の点数化は、それぞれの選択肢の素点を得点として算出した。

4 データの分析方法

回収したデータは、まず単純集計を施した。その後、調査結果を詳しく分析するために、親の年齢(60歳未満・60歳以上)、知的障害者の年齢(40歳未満・40歳以上)、障害の程度(軽度・中度・重度)、知的障害者の日中の生活場所(自宅および通所・入所)4項目によるクロス集計を施した。集計した項目には回答拒否・欠損も含まれるためサンプル数は異なる。本研究で使用した統計ソフトはSPSSver.14.0を用いた。

表4-1 調査対象者と障害者の基本属性

		人数	%
続柄	母親	302	82.1
	父親	31	8.4
	祖父	3	0.3
	その他	32	8.7
年齢	10歳代	5	1.4
	20-30歳代	6	1.6
	40-50歳代	189	51.3
	60歳代以上	168	45.7
障害者の性別	男性	196	63.8
	女性	111	36.2
障害者の年齢	10歳代	22	6.5
	20-30歳代	256	75.8
	40-50歳代	51	15.1
	60歳代以上	9	2.7
障害名	知的障害	316	72.1
	自閉症	57	13.0
	肢体不自由	19	4.3
	言語・聴覚	19	4.3
障害程度	重度	182	67.4
	中度	62	23.0
	軽度	26	9.6
日中の生活場所	通所更生施設	34	12.5
	入所更生施設	24	8.9
	通所授産施設	146	53.9
	入所授産施設	2	0.7
	自宅	20	7.4

表4-2 回答結果

		人数	%
老後不安理由	親が高齢で、知的障害者の世話が困難	148	45.3
	知的障害者のための老人ホームがない	103	31.5
	親以外の家族や親類が世話をしてくれない	23	7.0
	経済的に苦しい	9	2.8
	その他	44	13.4
加齢理由 （複数回答）	トイレでの助けが多くなった	54	35.5
	白髪やしわが増えた	37	24.3
	忍耐力がなくなった	19	12.5
	歩行が困難になった	15	9.9
	もの忘れが多くなった	12	7.9
	視力が衰えた	8	5.3
	耳が聞こえにくくなった	4	2.6
	食欲がなくなった	2	1.3
	その他	1	0.7
高齢時希望場所	病院	9	2.7
	特別養護老人ホーム	76	23.8
	現在の施設	103	32.2
	グループホーム	80	25.0
	自宅	52	16.3

5 調査結果

　368名から回答を得た。調査対象者の概要は表4-1に示した[注5]。82.1％が母親で、年代は40歳以上が96.7％を占めていた。障害者の年齢は20歳から30歳が75.8％であった。障害名は知的障害が72.1％、自閉症が13％であった。障害程度は重度が67.4％と多く、日中の生活場所は通所授産施設が53.9％と半数を占めていた。単純集計と分散分析の調査結果は表4-2と表4-3 表4-4に示した。

1) 知的障害者の老後について

①子ども達の老後に対する不安

　「不安である[注6]」との回答が336名（92.5％）であり9割の親がわが子の

表 4-3 各質問項目と分散分析結果一覧

項目		老後の不安					子どもの加齢感				
		n	平均値	S.D.	F値	p	n	平均値	S.D.	F値	p
両親の年齢	60歳未満	193	1.48	0.65	6.66	**	192	2.82	0.83	43.38	***
	60歳以上	165	1.30	0.60			163	2.22	0.89		
障害児の年齢	40歳未満	275	1.39	0.62	0.62	n.s.	273	2.71	0.88	30.75	***
	40歳以上	60	1.32	0.60			58	2.02	0.83		
障害の程度	軽度	33	1.76	1.06	6.15	**	32	2.84	0.85	1.78	n.s.
	中度	78	1.40	0.59	軽>中,重		75	2.51	0.98		
	重度	244	1.35	0.56			245	2.54	0.88		
生活場所	自宅	208	1.41	0.63	1.74	n.s.	209	2.64	0.86	7.68	**
	施設	103	1.31	0.60			101	2.35	0.91		

* p<.05　** p<.01　*** p<.001

表 4-4 各質問項目と分散分析結果一覧

項目		トイレでの介助					きょうだいへの介護の期待				
		n	平均値	S.D.	F値	p	n	平均値	S.D.	F値	p
両親の年齢	60歳未満	194	0.11	0.31	4.91	*	165	3.12	0.86	7.99	**
	60歳以上	168	0.19	0.39			144	2.82	1.00		
障害児の年齢	40歳未満	278	0.10	0.31	6.08	*	242	3.05	0.90	6.25	*
	40歳以上	59	0.22	0.42			47	2.68	1.02		
障害の程度	軽度	33	0.06	0.24			29	2.86	0.99	1.91	n.s.
	中度	78	0.09	0.29	3.09	*	65	2.82	1.04		
	重度	249	0.18	0.39			213	3.06	0.89		
生活場所	自宅	212	0.13	0.34	3.47	n.s.	182	3.05	0.91	2.33	n.s.
	施設	103	0.21	0.41			88	2.86	0.98		

* p<.05　** p<.01　*** p<.001

老後に不安を感じていた。親の年齢（F=6.66, p<.01）と子どもの障害の程度（F=6.15, p<.01）により、不安の有意差が見られた。

②不安が「ある」理由

「親自身が高齢となり、知的障害者の世話が困難」148 名（45.3％）、「知

的障害者のための老人ホームがない」103名（31.5％）などであった。「親自身が高齢となり知的障害者の世話が困難」の回答では、重度知的障害者と軽度知的障害者の親に有意差が見られた（$F=5.169, p<.01$）。

2）知的障害者の高齢の印象（子どもの加齢感）
①子ども達が年老いたと思うことがあるか？
「ある」が160名（44.4％）、「ない」が200名（55.6％）で、半数の親は子どもの加齢を感じていなかった。しかし、約45％の親は、子どもが年老いたと感じていた。この回答では、親の年齢（$F=43.38, p<.001$）、知的障害者の年齢（$F=30.75, p<.001$）、知的障害者の日中の生活場所（$F=7.68, p<.01$）に有意差が見られた。

②「思う」場合の理由
「トイレでの助けが多くなった」54名（35.5％）が最も多く、次いで「白髪やしわが増えた」37名（24.3％）であった。「トイレでの助けが多くなった」の回答数では、54名と少ないサンプル数であったが、この事柄が知的障害者の老化を知る上で重要な手掛かりになると思われたので、敢えて分散分析を行った。その結果、親の年齢（$F=4.91, p<.05$）、知的障害者の年齢（$F=6.08, p<.05$）、障害の程度（$F=3.09, p<.05$）に有意差が見られた。

3）きょうだいへの介護の期待
「期待する」が91名（29.0％）、「期待しない」が223名（71.0％）であった。「期待する」と回答した中で、親の年齢（$F=7.99, p<.01$）、知的障害者の年齢（$F=6.25, p<.05$）において有意差が見られた。

4）職場での定年制の導入
①将来、授産施設などでの定年制の導入の必要性
「必要である」が42名（23.4％）、「必要ない」が62名（34.4％）、「わからない」76名（42.2％）となり、「わからない」の回答が最も多かった。定年制の必要ではない場合、「年齢だけで判断するべきではない」「働く場所がなくなると困る」などが挙げられていた。

5) 高齢知的障害者の生活場所

①高齢知的障害者の望ましい生活場所

「現在生活している施設」103名（32.2％）、「グループホーム」80名（25.0％）、「特別養護老人ホーム」76名（23.8％）であった。「現在生活している場所」では、親の年齢（$F=14.96, p<.001$）、知的障害者の年齢（$F=10.30, p<.001$）、知的障害者の日中の生活場所（$F=166.80, p<.001$）に有意差が見られた。

6) 自由記述

子どもの老後に強く不安を持つ親の気持ちが次の様に記述されていた。「親が高齢のうえ病気がちで、子どもの世話ができないので、親よりも子どもの方が先に人生を終えて欲しいと言う気持ちを持つことがある」（47歳の息子を持つ73歳の母親）

6　考察

9割の親が子どもの老後生活に不安を感じていた。調査項目全体で、親・知的障害者の年齢が高くなり、障害の程度が重度になると、親は子どもの老後や介護に不安を感じ、子どもの老化も強く感じていた。このような不安に対して、親は子どもの老後の生活場所として「現在生活している施設」「グループホーム」を希望していた。「現在生活している施設」の回答では、親・知的障害者の年齢、知的障害者の日中場所に統計的な有意差が見られ、高齢の施設利用者と親がそれを強く望んでいた。したがって、高齢知的障害者に対しては、現在、生活をしている場所（施設や在宅）や「グループホーム」での継続的な生活への支援が必要とされよう。

子どもの加齢感では、子どもの7割が20歳から39歳であったが、約半数の親は子どもの加齢感を感じていた。知的障害者の老化は、ダウン症の人では、毛髪や皮膚、歯などの外見、運動機能・精神機能低下などで早期老化現象がみられると指摘されている（櫻井 1987）。一方、知的障害者の老化は健常者と変わらないとする報告もある（及川と清水 1991）。しかし、65歳未満でも、身体的老化が早く進むケースがあり、そのような場合、

知的障害者施設では特別養護老人ホームなどへ入所した方が良いとする意見がある（大阪・草笛の家 2004）。知的障害者の老化の特徴は、個々の知的障害者の特性によるものが大きいと思われる。ただ、本調査で、わが子の老化を感じている親は、主な理由に「トイレでの助けが多くなった」をあげ、この項目では、親と知的障害者の年齢、障害の程度との要因に統計的な有意差があるという結果からも、知的障害者の老化基準として排泄の介助が、一つの目安になると思われる。

多くの親は、きょうだいに知的障害者の介護を期待していなかった。しかし、親亡き後の知的障害者の世話をきょうだいに期待したいとする親もあり（三原ほか 2006）、きょうだいに知的障害者の介護を期待する親の心は揺れている。また、高齢になった知的障害者が施設で亡くなった場合、最終的にはきょうだいが彼らの葬儀を行う可能性があると思われる。そこで、高齢になった知的障害者にとって、きょうだいの存在は重要であると考えられる。施設関係者はきょうだいも視野に入れながら、親亡き後の知的障害者の生活について考えるべきであろう。

職場での定年制の導入では、「わからない」との回答が最も多かった。親は知的障害者が施設を利用したとしても、労働をしているのではなく、むしろ世話を受け、保護されていると考えているのではないかと思われる。親が定年制を必要としない理由に、「働く場所がなくなると困る」「働ける間は働く必要がある」が挙げられていた。定年制で子どもに仕事がなくなると、親は子どもの毎日の生活に不安を持つのであろう。

第3節　障害者福祉施設における早期老化及び高齢知的障害者の事例

先行研究から、知的障害者の早期老化や施設における高齢になった知的障害者の支援について様々な見解が述べられてきたが、現段階では、断定的な判断はできないように思われる。しかし、ここで、筆者が関わる障害者支援施設と就労継続支援B型事業所の二つの施設の入所者の40歳以上の利用者の身体的・心理的老化に関する情報を元に比較し、知的障害者の

早期老化と高齢知的障害者の支援について検討をする。

　調査方法として、Y県内の二つの知的障害者施設（障害者支援施設、就労継続支援B型事業所）を訪問し、施設職員に40歳以上の利用者の身体的・心理的状況や老化に関する質問を行った。本来は、在宅で生活をする高齢知的障害者に対するインタビューを両親や知的障害者本人するべきであったが、在宅の高齢知的障害者の事例を探すことの難しさがあったので、施設で生活をする早期老化及び高齢知的障害者の事例を知的障害者施設長に選択して頂き、筆者が施設長と職員に面接し、3名の事例の知的障害者について聞き取りをし、これらの事例の対象者とも面談を行った。ここで調査対象となった3名の対象者は、それぞれの施設で最年長、若しくは生活上に問題を抱える早期老化の知的障害者であるという理由から、施設長によって選定された。

　以下の二つの事例の佐藤稔氏と安部茂氏が生活をする障害者支援施設H園は1983年に設立である。入所者64名、職員数24名、入所者の55名は重度障害者で、そのうち20名は強度行動障害を示す。

　就労継続支援B型事業所N園は1990年設立である。39名の利用者。就労支援事業としては、パンの製造や段ボール箱作りの作業を取り入れ、「多くの収益を利用者へ還元すること」を目指している。施設は市の中心に近い場所に位置し、地域住民との交流も多い。

1　佐藤稔（62歳）氏の事例

　62歳、男性、佐藤稔氏、IQ23、重度知的障害と躁うつ病の精神的疾患を持つ。両親は既に死亡。家族は兄（67歳）の隆氏がいる。稔氏は精神的疾患のため、他への施設入所を断られていた。その後、知的障害者更生相談所が障害者支援施設H園に稔氏の入所を相談したところ、定員の空きがあったため、10年前に施設入所をする。入所前は、自宅で隆氏の建設作業を手伝う。その際、兄の隆氏が弟の稔氏の日常生活のめんどうをみてきた。

　2006年の正月帰省の前、隆氏の家で、親戚と一緒に正月のおせち料理など楽しく食べることを想像して、興奮し落ち着かない行動を示した。そ

の正月を兄たちと楽しく過ごし、施設に戻ると施設と兄の所の生活ギャップにより、うつ状態となり、食事をしなくなった。そこで、職員が流動食を作り食べさせていたが、それも食べなくなり、しまいに歩くこともできず、呼吸困難となり、生命の危険性が生じてきたので、精神病院に入院した。そこで点滴などの治療を受け、2週間程すると体調もよくなり、退院をした。退院後は、普通の生活をしていたが、施設は問題が生じたら、即座に精神病院に連絡をし、入院できるような支援体制を整えていた。しかし、2006年5月の連休の帰省後にも同じ様なうつ的状態が起こったので、これ以降、施設と兄の隆氏は、帰省に対して稔氏に過剰な期待を持たせないように配慮している。

　数年前までは、稔氏は他の入所者との散歩や作業、旅行などをすることには何も問題ではなかった。しかし、高齢となり、体力的に無理になったので、従来の畑作業から室内作業に変わった。他の入所者の多くが自閉症者であることから、入所者との交流も少なくなり、1人で過ごす時間が多くなった。今年に入り、自分の年齢が認識できなくなり、若い人の作業を無理矢理に手伝おうとして、ぎっくり腰で動けなくなったため、職員が稔氏の入浴や排泄などの介助を行なうようになった。現在余暇活動として、稔氏は週2回の軽い体操に積極的に参加し、若い人々との交流を行い、満足しているとのことである。

2　安部茂夫（53歳）氏の事例

　53歳、IQ35以下の重度知的障害の男性、安部茂夫氏。障害者支援施設H園で生活。家族は母親（84歳）が1カ月に1回訪問をしている。職員から指示を受けると、食事や衣服の着脱などの行動は行うことができる。言語的表現ができないため、他者との言語的コミュニケーションの形成は困難。移動が困難なため、車椅子での生活。体調の悪い日は、1日中、自分から起き上がることができず、職員が身体の移動や日常生活の身の回り（食事や排泄など）などの介助をしている。

　茂夫氏の施設における日常生活上の問題は、神経性膀胱炎の疾病である。数年前まで元気であったが、5年前に神経性膀胱炎となり、緊急入院をし

た。当時、職員は茂夫氏の排尿の確認をしていたが、出る尿の量が少なくても、気に留めなかった。その後、茂夫氏の排尿が行われず、高熱が出たため、病院で、尿や血液検査をした結果、神経性膀胱炎と診断され、緊急入院をした。この入院に高齢の母親と職員が付き添った。治療を受け、食欲や歩行ができるようになったので退院したが、これ以降、自分で排尿ができなくなり、導尿の処置を1日中受けるようになった。導尿処置は医療行為のため、施設は5人の非常勤の看護師を雇い、看護師が茂夫氏に1日5回の導尿処置を行っている。看護師は茂夫氏の尿の量、内容について随時調べ、職員も毎日、茂夫氏の血圧、体温などのバイタルチェックを行っている。神経性膀胱炎は、茂夫氏の早期老化による身体的な衰えから尿意がなくなり、尿もらしが起こった結果ではないかと施設長は述べていた。

職員も茂夫氏の顔のしわや皮膚などの外見、入れ歯、日常生活行動（移動、排泄、食事など）能力の低下から、早期老化を感じていた。茂夫氏はひざが弱く、転倒する危険性もあり、職員が茂夫氏の歩行には気をつけている。夜間も、職員は他の入所者にも注意を向けながら、茂夫氏の健康をチェックしている。茂夫氏は、施設入所前は、在宅で母親と一緒に長く生活をしていたためか、他者との交流に慣れておらず、H園の入所者の多くが自閉症者であったことからも、他者との交流がなく孤立していた。

H園の高齢知的障害者に対する環境整備としては、段差をなくすなどのバリアフリー対策や床暖房を取り入れたことであった。生きがい対策としては、体操、散歩、利用者同士のおしゃべり、スポーツ指導（なわとびなど）、クラブ活動（カラオケ、陶芸指導など）などが実施されていた。早期老化の予防と健康管理のために、入所者の毎日の日常生活行動を観察、体重測定、血圧、脈拍などのバイタルチェックが行われていた。

3　大田誠（52歳）氏の事例

52歳、大田誠氏、IQ35以下の重度知的障害の男性。就労継続支援B型事業所N園に通う。両親は共に78歳で健在。30年間、一般事業所に就職をしていたが、経済的不況から解雇される。その後、実家に戻るが、近くに施設がなかったため、福祉事務所から近接する市外の入所施設を紹介さ

れ、知的障害者入所施設に入所した。しかし、施設の集団生活が嫌になり、1週間で退所。3年前からは、N園のグループホームで生活をはじめ、N園の段ボール箱作りやパンの販売に従事する。

　誠氏は人との交流や会話の多いパンの販売を好み、これが生きがいとなっていた。グループホームでの生活費を稼ぐために、1週間2日2時間程、近くのスーパーで働いていた。性格は穏やかである。生活費は障害基礎年金と、施設からの毎月1万3000円の工賃である。ある時、体力的に衰えてきたので、施設内やスーパーの作業を一定期間休ませた。そうすると、逆に顔の生気が失われ、日常生活の全ての面で意欲が見られなくなった。誠氏にもう一度作業に復帰するかどうか尋ねると、復帰することを希望したので、短時間だけ作業に復帰させた。すると、再び生気が誠氏に見られるようになった。

　健康に関しては、皮膚病や、目や鼻、膀胱、歯が痛いなど不調をよく訴え、ほとんど毎日病院に通っている。N園の利用者のなかで病気に対する訴えが最も多いのは誠氏である。施設長や職員は、これは早期老化によるものか、単に加齢によるものかの判断は難しいが、誠氏の日常生活行動や外見的様子から、早期老化によるものではないかと考えていた。誠氏の病院への付き添いは、病院の距離が近ければ問題はないが、遠く離れた病院へは、授産作業を抱えている職員にとって大きな負担となっていた。誠氏は、グループホームでの生活をとても満足しているが、最近、頻繁に失禁をするようになった。誠氏がこれから先、更に多くの病気をした場合、授産施設やグループホームでの生活が今後も続けられるかどうか不安であると施設長や職員は語っていた。また、両親が78歳の高齢であり、誠氏の在宅のケアは無理だったので、施設長は将来の誠氏の老人ホームへの入所について両親と一緒に検討をしていた。

　N園は、生きがい対策として週末に絵画、吹奏楽、お花、ダンス、カラオケ教室などを開催していた。N園の健康管理対策は、毎月、利用者の身長、体重を測定し、一人ひとりの利用者の健康について話し合いを行なうことであった。緊急の病に対しては、近くの老人リハビリテーションセンターと連携体制を持っていた。

4 事例全体の特徴について

　ここで、三つの事例の特徴について考える。

　稔氏は施設と兄の家での生活のギャップに戸惑い、うつ的状態となり、施設での生活が困難となって、病院に入院した。また、ぎっくり腰から動けなくなり、職員が彼の入浴や排泄の介助を行っていた。茂夫氏は神経性膀胱炎となり、看護師から導尿の処置を受けていた。茂夫氏には顔のしわや皮膚などの外見、入れ歯に老化が見られ、日常生活行動（移動、排泄、食事など）能力が低下していた。誠氏は皮膚病、目や鼻、膀胱や歯痛などの不調を毎日訴え、病院に通い、グループホームでもよく失禁を起こしていた。3名の年齢は、稔氏は62歳、茂夫氏は53歳、誠氏は52歳であるが、これらの年齢から考えると、特に茂夫氏と誠氏には早期老化現象が見られ、それによる様々な疾病が生じたと考えてもよいであろう。そして、彼らの早期老化と老化現象も施設の生活環境に影響を受け、彼等の老化が促進されたり、抑制されたりしているのではないかと思われる。

　稔氏に関して、職員は施設でのうつ的状態は、老化と施設と在宅生活ギャップによりひき起こされたのではないかと職員は語っていた。茂夫氏は53歳であるが、職員は茂夫氏の外見上の様子と行動パターンから早期老化を感じていた。茂夫氏の早期老化は、神経性膀胱炎などにより日常生活行動が減少したことと施設内での他者との交流が少なく孤立し、生活のなかで生きがいとなる刺激が見当たらないことも影響しているのではないかと思われる。一方、誠氏は職員に様々な不調を毎日訴えながらも、人々との交流が持てるパンの販売やスーパーでの仕事に生きがいを感じ、N園でのカラオケの余暇活動など施設の生活に喜びを見出していた。N園はパンの製造や販売などを主とする作業所で、利用者の多くは軽度・中度の障害者であり、利用者同士の交流やパンを買いにくる一般地域住民との交流が活発に行われる環境にあった。すなわち、誠氏の場合、早期老化が見られたとしても、施設内外での人々との相互交流による多くの刺激により、彼の生活が生き生きとなり、早期老化現象の促進が抑えられているのではないかと思われる。誠氏は、毎月、1万3000円の賃金をスーパーやパン

の販売事業から得ていた。施設で、仕事などで賃金が得られるという目標が生きがいとなり、老化の促進を抑えているのではないかと思う。そこで、早期老化現象を抑制するために施設の高齢知的障害者に簡単な作業の提供が必要ではないかと思われる。

　3名の事例から、知的障害者施設が親亡き後、あるいは高齢の両親の代わりに、早期老化、あるいは高齢知的障害者を支援していることが示された。稔氏の両親は既に死亡、茂夫氏の母親は84歳、誠氏の両親も78歳の高齢であり、子ども達の老後生活を施設に依存する状況にあった。そこで、施設が高齢の知的障害者の支援の場になったとしても、彼らの人生の終焉の場所、つまり、ターミナルケアの場になることの現実的難しさをH園とN園の施設長と職員は、施設の医療・介護の支援体制から認識し、利用者が寝たきりになれば、老人福祉施設への入所も検討している。したがって、知的障害者の高齢化支援には、障害者施設だけでなく、老人福祉施設、病院などの他の医療福祉機関との連携が必要とされることが、これらの事例から理解できよう。

【注】
1) この事件は、中国新聞2007年11月20日「障害者の親老いの不安―廿日市の母子死亡」からの引用による。
2) 日本知的障害者福祉協会（2005）入所者の高齢化と老化、平成15・16年度全国的障害児・者施設実態調査、39-42.
3) 知的障害者の高齢化対応検討会（2000）知的障害者の高齢化対応検討会報告書、厚生障害福祉部障害福祉課．
4) 今村（1999）の指摘は、石渡（2000）の「障害者福祉における障害者への高齢化対応」、発達障害研究、22、11-20からの引用による。
5) 回答項目によっては記入漏れがあったので、回答結果総数が368名にならない場合もある。しかし、回答総数で、回答結果の割合を示した。その他の記入者には、きょうだいなどが含まれており、これらの人々も親代わりになると考えられたので、調査対象者に含めた。

6) ここでは、「非常に不安である」と「まあまあ不安である」を併せて「不安である」と記載した。同様に「期待する」なども「非常に期待する」と「まあまあ期待する」を併せて「期待する」と記載した。

【引用文献】

秦安雄 (1995)「精神薄弱者援護施設入所者の高齢化の実態と施設ケアの問題 (1)」『日本福祉大学研究紀要』92, 25-39.

山崎恭裕 (1999)「障害者福祉施設における高齢者問題」『障害者問題研究』27, 63-70.

大阪・草笛の家 (2004)「高齢知的障害者の老人福祉施設利用についてその実態と意識調査」『さぽーと』567, 42-53.

金築健夫 (1976)「年老いた精神薄弱の人たちの問題」『愛護』218, 36-39.

岩見太市 (1976)「高齢者にとって家庭は安らぎの場か」『愛護』229, 20-22.

及川克紀・清水貞夫 (1992)「精神遅滞者の施設ケア」『発達障害研究』14, 3, 219-224.

櫻井芳郎 (1987)「高齢精神薄弱者および早期老化現象の実態とその対策」『発達障害研究』9, 1, 15-26.

横田圭司 (1998)「アルツハイマー病の事例と支援」菅野敦・池田由紀江編『ダウン症者の豊かな生活―成人期の理解と支援のために―』福村出版, 114-124.

及川克紀・清水貞夫 (1991)「高齢精神遅滞者の老化と施設ケアの問題」『障害者問題研究』65, 76-82.

今村理一 (1999)「高齢知的障害者の援助 介護マニュアル」『日本知的障害者愛護協会』7-14.

石渡和美 (2000)「障害者福祉における障害者への高齢化対応」『発達障害研究』22, 11-20.

滝本豪徳 (2000)「知的障害者高齢化問題の新たな展開 (Ⅰ)」『美作女子大学・美作女子大学短期大学紀要』45, 10-18.

三原博光・松本耕二・豊山大和 (2006)「知的障害者の高齢化に対する親の意識」

『障害者問題研究』34, 3, 221-229.

第2部
障害者の就労支援

第2部では、障害者の就労問題について紹介する。

第5章

障害者の就労支援の実態

1 障害者家族の立場（父親、母親、きょうだい）

　第1部では、父親、母親、きょうだいの状況から障害者家族の実態を述べてきた。事例から、父親は子どもの障害、母親の子育て、きょうだいの存在を気にかけながらも、主に家族を経済的に支える役割を持ち、仕事に励んでいることが示された。質問紙調査では、父親達は仕事や障害児の問題に悩みながらも、妻と子どもの問題について話すことでストレスを軽減させていた。また、他の障害者家族との交流が父親の精神的な助けになることも示された。

　母親の事例では、子どもの障害を知り、母親はショックで絶望に陥るが、他の障害児の母親や専門家（作業療法士など）からの励ましにより、前向きに子育てに取り組むことが示された。質問紙調査では、きょうだいよりも障害児の子育てに悩みながらも、両方の子どもの子育てに懸命に取り組む母親の姿が示された。

　きょうだいの事例では、障害者をもつ兄弟姉妹がいることで、周囲からの偏見で悩みながらも、障害者福祉の領域で働き、親亡き後の障害をもつ本人との関わりを積極的に行っているきょうだいの姿が見られた。質問紙調査では、児童期、きょうだいは障害児と一緒に楽しく遊ぶ傾向が見られた。そして、きょうだいは親亡き後の障害者の積極的な関わりを考えていたが、自分の結婚に関しては、障害者の存在に悩む一面が見られた。

2　障害者福祉の今後の方向性

　障害者の家族（父親、母親、きょうだい）が障害者の存在を心配したとしても、最終的に障害者自身も社会的に自立した生活を行わなければならない。障害者自身に対する支援の形態は歴史的に変遷してきている。1950年代後半、ノーマライゼーションの原理が出現するまでは、障害者は人里離れた施設で隔離・保護された生活を強いられ、障害者の社会的自立という発想はなかった。しかし、ノーマライゼーションの原理の出現により、障害者の生活（余暇、労働、結婚など）が他の市民と同様に尊重され、地域における彼らの社会的自立が重視されてきた。

　教育面においては、1979年、わが国では、障害児の養護学校義務化が施行され、どのような重度の障害を持っていたとしても、学校教育を受ける権利が保障され、全国に養護学校（現在の特別支援学校）が設立されてきた。現在、特別支援学校には小学部、中等部、高等部があり、全ての障害児の教育が保障されてきている。しかしながら、障害児の教育が保障されたとしても、特別支援学校卒業後の障害者の一般事業所における就労は困難な状況にある。特別支援学校卒業後の知的障害者の進路先は、2012年度の内閣府によると、一般事業所の就職28.4％、社会福祉施設等入所・通所66.7％であると報告されている。このように障害者の一般事業所の就労は困難であったとしても、人間の生活にとって労働は重要である。人間は働くことによって幸せが得られることを、知的障害者を一般事業所で雇用している大山氏（2009）は指摘している。

　そして、障害者の就労が特に重視されるようになった背景には、2006年の障害者自立支援法の施行の影響が大きい。障害者施設の形態が、従来の障害者更生施設・授産施設から障害者支援施設・就労継続支援A型B型事業所に変わってきた。この法律の施行当初、利用者の施設の利用負担（食事、施設の送り迎えなど）が要求され、批判が生じた。しかし、その後、徐々に、この法律が障害者福祉に浸透し、社会全体において障害者の雇用・就労が重視されるようになってきたのである。

　このような主旨から、第2部においては、障害者福祉の今後の方向性と

して主に障害者の就労問題を取り上げる。

第 1 節　障害者の就労動向

　2006年度の障害者自立支援法の施行により、知的障害者施設が従来の知的障害者の福祉的就労・更生を目的とした授産施設・更生施設から就労移行支援、就労継続支援、障害者支援施設に形態が変わり、障害者の就労に関心が高まってきた。最近では、広汎性発達障害、学習障害、注意欠陥多動性障害などの発達障害者の就労支援問題を取り上げた報告（松矢 2008）、高校や大学における軽度発達障害の生徒に対する就労支援の実践報告（近藤・光真坊 2006；松尾 2010；望月 2010）などが新しく見られる。これらの内容は、近年、就労支援の対象となる障害者の範囲が拡大してきたことを示していると言えよう。

　一方、わが国全体の一般事業所における障害者の雇用状況は障害者自立支援法施行の前後に上昇し、この法律が障害者の雇用にプラスに働いたと言われる。その根拠として、平成16年から平成20年にかけて一般民間事業所の障害者の実雇用率が1.46％から1.59％に徐々に上昇し、特に身体障害者が4.4％、知的障害者が1.8％上昇したことがあげられている（京極 2009）。また、厚生労働省の「平成22年度6月1日現在の障害者の雇用状況について」も（厚生労働省 2010）、①民間の障害者の雇用者数が前年に比べて3.1％増加し、約34万3千人となったこと、②法定雇用率達成率事業所の割合が47.0％となり前年に比べて1.5％も上昇したことを報告している。また、2006年から精神障害者が雇用率にカウントされ、更に精神障害者の短時間労働者もカウントされることも障害者の雇用率のアップに貢献しているとも考えられる。

　このように障害者自立支援法以降の一般事業所における障害者の雇用の増加に関する報告がある一方、障害者の雇用状況の問題点も指摘されている。それらは、前述した厚生労働省の報告のなかで、障害者の雇用率が上昇しているのは500人以上の大企業であり、500人以下の規模の中小企業では雇用率は上昇していない問題点や景気の低迷により民間事業所で解雇

された障害者が2008年では前年に比較し、1.8倍の2774人に上がった問題点である[注1]。そして更に、精神障害者の雇用率の上昇には、今まで職場で潜在的に隠れていた精神障害者の存在がただ顕在化したという要因も考えられ、精神障害者の離職率などを考慮すると実際に精神障害者の雇用率が障害者自立支援法により上昇したのか疑問を示す指摘も見られる（山村 2010）。したがって、厚生労働省が示す一般事業所における障害者の雇用率の上昇の報告と現実社会の場面では障害者の雇用状況には乖離した部分があるのではないかと思われる。

第2節　三原市内の一般事業所における障害者雇用の意識

1　はじめに

前述した障害者の就労動向のなかで、筆者は、2008年から2010年まで広島県「三原市障害者雇用就労支援あり方検討会」において委員長として取り組んだその経緯から、三原市内の一般事業所における障害者の雇用実態を独自に把握する必要性を感じた。そこで、三原公共職業安定所（ハローワーク）の協力を得て、三原市内の従業員50名以上の事業所に障害者の雇用状況に関する質問紙調査を実施した。

2　調査方法

広島県三原市内（人口約10万人）の従業員50名以上の事業所を対象に、障害者の雇用状況を把握するための質問紙調査を実施した。ここで50人以上の従業員数の事業所を対象にしたのは、対象となる事業所数を100社程度に絞るためである。その結果、110事業所が調査対象として選定された。一般事業所の住所は、三原市の職業安定所からの協力を得て入手した。そして、質問紙用紙を各事業所に配布し、返信用封筒を用いた郵送法を行った。なお、質問紙は、無記名であること、統計的処置を施し、事業所が特定されないこと、研究以外の目的に使用されないこと等の説明記述等、倫理的配慮をした。配布部数は110部、その結果、59事業所から回答を得た（回

収割合は 53.6%)。なお、調査期間は 2009 年 6 月から同年 10 月までの約 4 カ月であった。

3 調査内容

質問紙による調査項目は、次のような内容であった。①現在、障害者を雇用している事業所(従業員数、雇用している障害者の数、雇用形態、障害の種類・程度、職種、雇用方法、他の従業員との人間関係、労働時間、障害者の就労継続の気持ち、障害者のさらなる雇用)、②以前、障害者を雇用していた事業所(雇用していた障害者の数、辞めた理由、将来の雇用の可能性)、③障害者を雇用していない事業所(障害者雇用促進法について、雇用していない理由、将来の雇用の可能性)、④事業所の属性(職種、従業員数)。主な質問項目数は、自由記述を含め、26 項目であった。

質問紙調査により回収したデータは、単純集計で全体の状況を把握した。それぞれの項目には回答拒否・欠損も含まれるため最終分析対象者数は項目によって異なる。

4 調査結果

59 事業所より回答があった。その事業所の内訳は、表 5-1 から、「機械・器具」「食料品・飲食業」関係が多かった。従業員数は、100 人以上が最も多かった(表 5-1)。障害者の雇用状況について「障害者を雇用している事業所」30 事業所(50.8%)、「以前、障害者を雇用していた事業所」9 事業所(15.2%)、「障害者を雇用していない事業所」20 事業所(33.8%)であった。

1)「障害者を雇用している事業所」

雇用している障害者数は、「3 人未満」18 事業所、「3 人以上 7 人未満」4 事業所、「7 人以上 10 人未満」1 事業所であった。雇用形態は「常用雇用」23 事業所、「短時間就労」13 事業所であった。障害者を雇用している事業所は、従業員数 100 人以上という大きな事業所が最も多かった。さらに、事業所の従業員数の分布から、従業員数が多い事業所に障害者が雇用され

表 5-1　事業所基本属性

		n	%
職種	機械・器具	9	16.3
	食料品・飲食業	9	16.3
	医療・医薬・保健衛生	7	12.7
	建設・建設資材	6	11.0
	社会関連サービス	7	12.7
	生活関連サービス	7	12.7
	その他	10	18.3
合　計		55	100.0
記入者	社長	12	23.5
	課長	11	21.5
	一般社員	6	11.7
	所長	4	7.8
	支配人	4	7.8
	主任	3	5.8
	その他	11	21.9
合　計		51	100.0
従業員数	20人未満	5	8.5
	20人以上40人未満	8	13.6
	40人以上60人未満	11	18.6
	60人以上80人未満	9	15.2
	80人以上100未満	6	10.2
	100人以上	20	33.9
合　計		59	100.0

表 5-2　障害者を雇用している事業所の従業員数

		n	%
従業員数	20人未満	1	3.6
	20人以上40人未満	2	7.1
	40人以上60人未満	4	14.3
	60人以上80人未満	2	7.1
	80人以上100未満	3	10.8
	100人以上	16	57.1
合　計		28	100.0

ていた（表5-2）。障害の種類は、「身体障害」23事業所、「知的障害」10事業所、「精神障害」6事業所であった。障害の程度は、「軽度」20事業所、「中度」12事業所、「重度」11事業所であった。職種は、身体障害者が「事務」「清掃業」「医療・医薬・保健衛生」など幅広い職種で雇用されているのに対して、知的障害者は「清掃」「倉庫」「除草作業」の職種に限定されていた（表5-3）。

雇用の方法は、「障害者雇用促進法」が9事業所、「障害者雇用促進法とは関係なし」20事業所、であった。職場での待遇（給与、労働時間）では、「満足している」25事業所、「満足していない」1事業所であった。最低賃金は「5万円未満」が最も多く、最高賃金は「15万円以上」が最も多かった（表5-4a, b）。労働時間は、「8時間」15事業所、「6-7時間」14事業所、

表5-3　雇用されている障害者の種類と職種の関係

		n	%
身体障害者	事務	6	35.3
	清掃	3	17.6
	医療・医薬・保健衛生	3	17.6
	倉庫・機械	2	11.8
	営業	1	5.9
	職業指導	1	5.9
	オペレーター	1	5.9
計		17	100.0
知的障害者	清掃	2	33.3
	倉庫	3	50.0
	除草作業	1	16.7
計		6	100.0
身体障害者・知的障害者（両方雇用）	倉庫・機械	3	37.5
	事務	2	25.0
	清掃	2	25.0
	警備	1	12.5
計		8	100.0
精神障害者	洗濯業	1	50.0
	営業	1	50.0
合　計		2	100.0

「5-6時間」4事業所、「4時間以内」4事業所であった。他の従業員との人間関係は、「よいと思う」30事業所、「分からない」3事業所であった。継続的に働く意思は、「あると思う」30事業所、「分からない」2事業所であった。障害者のさらなる雇用は「採用しても良い」12事業所、「採用を考えていない」5事業所、「分からない」12事業所であった。

表5-4a 雇用されている障害者の最低賃金

	n	%
5万円未満	42	72.4
5万円以上10万円未満	5	8.6
10万円以上15万円未満	5	8.6
15万円以上20万円未満	3	5.2
20万円以上	3	5.2
合計	58	100.0

表5-4b 雇用されている障害者の最高賃金

	n	%
10万円未満	1	5.8
10万円以上15万円未満	3	17.6
15万円以上20万円未満	4	23.5
20万円以上25万円未満	4	23.5
25万円以上	5	29.6
合計	17	100.0

2)「以前、障害者を雇用していた事業所」

雇用していた障害者数は、「1名」5事業所、「2名」2事業所、「3名」1事業所、「4名」1事業所（11.1％）であった。辞めた理由としては、「障害者の職業的技術の未熟さ」3事業所、「会社の都合」2事業所、「障害者の健康上の問題」1事業所、「その他」5事業所であった。将来の雇用の可能性は「ある」2事業所、「ない」3事業所、「分からない」4事業所であった。

3)「障害者を雇用していない事業所」

障害者雇用促進法の法律について知っているかとたずねたところ、「知っている」17事業所、「知らない」3事業所であった。雇用していない理由（複数回答）では、「障害者に適した職種がない」や「障害者を雇用する環境が整備されていない」が主な理由としてあげられていた（表5-5）。将来の雇用の可能性は「困難である」10事業所、「雇用したい」4事業所、「分からない」6事業所、であった。

表 5-5　雇用されない原因（複数回答）

	n	%
障害者に適した職業がない	17	40.5
障害者を雇用する環境が整備されていない	13	30.9
障害者の雇用に不安がある（対応など）	7	16.7
経済的不況（雇用する余裕がない）	5	11.9
合計	42	100.0

5　考察

　本調査結果から、三原市の一般事業所における障害者の雇用状況は、過去の調査報告と類似した傾向が見られた。つまり、それらは、三原市の一般事業所で雇用されている障害者の半数は身体障害であり、軽度の障害者であった。身体障害者が事務、清掃、医療関係など幅広い職種に採用されているのに対し、知的障害者は清掃、倉庫、除草作業に限定されていた。これは、身体障害者が「事務」「管理的職業」、知的障害者は主に「清掃業」「飲食店」「製造加工業」で雇用されているという報告（大澤 2007）と同じ傾向にあった。また、本調査結果では、障害者を雇用している主な事業所の従業員数は 100 人以上の大きな事業所であった。ただし、ここで、本調査の注目する点は、障害者の雇用について、6 割強の事業所が必ずしも障害者雇用促進法によるものではないと回答しており、これらの事業所が法律的な義務で障害者を雇用しているのではなく、事業所の事業の必要性から自発的に採用していることは注目に値すると言えよう。

　雇用されている障害者のほとんどは、職場での他の従業員との人間関係もよく、継続的に働くことを希望していた。つまり、障害者を雇用する場合、職場での配慮や日常生活の支援が重要となるのであって、特に障害者の一般事業所における職場定着には、日常生活の支援が欠かせないことが指摘されている（清水ほか 2005）。なぜならば、障害者が日常生活に様々な問題を抱えている場合、安定して就労ができないからである。

　「以前、障害者を雇用していた事業所」では、障害者が辞めた理由とし

て、「障害者の技術的未熟さ」と「会社の都合」があげられていた。しかも、これらの事業所のなかで、将来の障害者の雇用の可能性があると回答したのはわずか3割であり、消極的な面が見られた。今後、一般事業所が障害者を雇用する際に障害者にどのような具体的な職業技術を期待しているのか、そして更に一般事業所側の都合や問題点も明らかにすることが必要とされよう。

　「障害者を雇用していない事業所」は、障害者雇用促進法の法律について知っているにもかかわらず、将来の障害者の雇用の可能性は低く、その理由として、主に「障害者に適した職業がない」「環境の未整備」をあげており、障害者の雇用に消極的な面が見られた。このような傾向の背景には、事業所の障害者についての理解不足や雇用そのものに不安があるのではないかと思われる。特に「障害者に適した職業がない」という理由には、事業所は就労について障害者の適性能力が低いという偏見があるのではないかと考えられる。言い換えれば、障害者を雇用していない事業所は、障害者の就労能力の可能性や雇用することで得られるメリットなどを知る機会を失っているといえよう。障害者を雇用した結果、障害者の職場での配慮を通して職場の作業員のチームワークが向上し、安全性、健康などの問題を含めた労働環境の意識が高められるとする指摘もある（清水ほか 2005；Graffianm J et al. 2002；柴崎 2005）。

　「障害者を雇用している事業所」の多くは、障害者雇用促進法ではなく、事業所の業務の必要性から障害者を雇用しており、職場での他の従業員との人間関係もよく、理解もあった。その結果、雇用されている障害者は現在の職場の待遇に満足し、将来も働く希望があり、4割の事業所はさらに障害者の雇用をしてもよいと回答していた。このように障害者を雇用している事業所は、障害者の雇用に前向きであった。一方、「障害者を雇用していない事業所」は、障害者雇用促進法を知りながらも障害者を雇用しておらず、その理由として「障害者に適した職業がない」「環境の未整備」をあげており、将来も障害者の雇用の可能性を否定していた。つまり、一般事業所における障害者の雇用に関して、雇用している事業所と雇用していない事業所の特徴は両極端の状況にあった。障害者を1人の人間として

尊重し、一般市民との正常な生活のノーマライゼーションの実現を目指すには、社会全体が一般事業所における障害者の雇用を真剣に考えて行くべきであろう。

第3節　中四国地方の障害者施設の就労実態

1　はじめに

　筆者は、中国・四国地方の知的障害者施設の就労実態を明らかにする目的で質問紙調査を実施した。ここでは、その調査結果報告を行う。また、知的障害者施設のなかで、授産施設と更生施設（旧施設体系）の特徴が利用者の就労作業に及ぼす影響をクロス集計によって明らかにした。

2　調査方法

　中国・四国地方の9県の知的障害者施設（入所・通所）に調査依頼をした。調査は、過去5年間の知的障害者施設の利用者の一般事業所における就職状況、施設内における就労状況を把握するために質問紙調査を実施した。質問紙調査は知的障害者施設の代表者を通して配布し、返信用封筒を用いた郵送法を採用した。質問紙は無記名であること、統計的処理を施し、施設名が特定されないこと、研究以外の目的に使用されないこと等の説明を記述し、倫理的配慮をした。配布部数は550部、その結果、212の施設から回答を得た（回収割合は38.5％）[注2]。調査期間は2009年6月から同年10月までの約4カ月間であった。

3　調査内容

　質問紙による調査項目は、①施設利用者の一般事業所における就職状況（過去、5年間）[注3] ②施設内における就労状況、③施設の属性（施設の種類、利用者数、利用者の最低・最高年齢）、であった。主な質問項目数は自由記述を含め、25項目であった。

4　分析方法

　質問紙調査により回収したデータは、単純集計で全体の状況を把握するとともに、旧施設体系において、更生施設と授産施設の特徴が明らかである更生施設83施設（入所・通所更生施設、障害者支援施設）と授産施設87施設（通所・入所授産施設、小規模作業所、就労継続支援B型事業所）に分類しクロス集計を実施した。本研究で使用した統計ソフトはSPSS Ver. 14.0を用いて集計している。それぞれの項目には回答拒否・欠損も含まれるため最終分析対象者数は項目によって異なる。

5　調査結果

　回答施設の属性：212の施設から回答を得た。表5-6は施設の基本属性、表5-7は旧施設体系の分類（更生施設・授産施設）とクロス集計の結果を示している（表5-6、7）。その結果、施設の種類は通所授産施設が最も多かった。施設の利用者数は30-49人が最も多かった。利用者の数が50人未満となると授産施設が多くなり、利用者数が50人以上になると、更生施設が多くなる傾向が見られた（χ^2=46.158, p<.001）。利用者の最低年齢は18-24歳が171施設（81.9％）と最も多く、最高年齢は65歳以上が126施設（60.6％）であった。

1）利用者の一般事業所における就職について
①過去、5年間に利用者が一般事業所に就職したことがあるか
　「ある」118施設（55.7％）、「ない」94施設（44.3％）であり、5割強の施設は、利用者が一般事業所に就職したと回答した。5年間の就職数は614人であった。その結果、1年間の平均就職数は約123名となり、施設利用者総数9198人のうち、1年間の平均就職率は約1.3％であった。そして、授産施設の方が更生施設よりも利用者が一般事業所に就職した実績が見られた（χ^2=28.778, p<.001）。
②雇用形態
　「常用雇用」39施設（23.2％）、「短時間雇用」79施設（47.0％）となり、

表 5-6　知的障害者施設の基本属性

		n	%
施設の種類	通所授産施設	57	26.8
	入所授産施設	11	5.2
	通所更生施設	11	5.2
	入所更生施設	53	25.0
	障害者支援施設	19	8.9
	就労継続支援B型事業所	14	6.7
	障害者福祉サービス事業	11	5.2
	グループホーム	9	4.3
	その他	27	12.7
合計		212	100.0
施設利用者数	10人未満	1	0.4
	10-29人	51	25.2
	30-49人	73	35.9
	50-69人	46	22.7
	70人以上	32	15.8
合計		203	100.0

雇用形態の5割近くが「短時間雇用」であった。

③その利用者は、現在、継続して仕事をしているか

「ほとんどが継続している」70施設（57.9％）、「一部が継続し、他は中断している」36施設（29.8％）、「全く継続していない」15施設（12.4％）であった。

④障害の程度

「軽度」74施設（46.8％）、「中度」69施設（43.7％）、「重度」10施設（9.5％）であった。

⑤就職した利用者の職種

「軽作業」45施設（29.9％）、「清掃業」45施設（29.9％）が多く、次いで「製造業」39施設（25.9％）であった。

⑥一般事業所就職者の待遇についての満足度（給与、労働時間）

「満足している」101施設（71.1％）、「満足していない」21施設（14.7％）であった。

⑦就職先での人間関係

「よい」111施設（75.0%）、「よくない」26施設（17.8%）であった。

⑧就職した利用者の最低給与・最高給与

最低給与は「5万円未満」が37施設（29.1%）と最も多く、次いで「5万円以上10万円未満」39施設（24.5%）、最高給与は「10万円以上15万円未満」37施設（41.6%）が最も多かった。

⑨就職した利用者の労働時間

1日の労働時間は「6-7時間」61施設（36.1%）が最も多く、次いで「5-6時間」41施設（24.2%）であった。

⑩就職している利用者の継続的な就職の意思

「ある」120施設（81.6%）、「ない」21施設（14.3%）、「わからない」6施設（4.1%）であった。

表5-7 更生施設と授産施設の比較結果

項目	更生施設		授産施設		χ^2値	p
	n	%	n	%		
就職実績の有無						
ある	25	30.1	62	71.3	28.778	***
ない	58	69.9	25	28.7		
保護者の就労満足度※						
不満足[1]	3	16.7	1	2.1	―	0.052
満足	15	83.3	50	98.0		
一般事業所への就職希望						
多い[2]	5	8.8	6	12.0	0.301	0.583
少ない	52	91.2	44	88.0		
施設の利益向上への取り組み努力						
努力している[3]	27	67.5	79	91.9	12.133	***
努力していない	13	31.7	7	8.1		

*** $p<.001$

※標本数が少ないため Fisher's exact test による結果を記した。有意差検定を行うにあたり標本数が少ないために各選択肢を次のとおり合成し実施した。
1) 不満足（「まったく満足していない」＋「あまり満足していない」）、満足（「まあ満足している」＋「非常に満足している」）
2) 多い（非常に多い＋まあまあ多い）、少ない（あまり多くない＋全くいない）
3) 努力している（非常に努力している＋まあまあ努力している）、努力していない（あまり努力していない＋全く努力していない）

⑪就職している利用者の保護者の満足度

「満足している」112施設（80.0%）、「満足していない」11施設（7.8%）、「わからない」17施設（12.1%）であった。就職している利用者の保護者の満足については、授産施設と更生施設において有意差が見られなかった。

⑫知的障害者が採用されにくい原因（表5-8）

表から、「知的障害者の技術不足」が最も多く、次いで「保護者が知的障害者の就職を望んでいない」であった。

表5-8　知的障害者が採用されにくい原因

	n	%
知的障害者の技術不足	57	28.4
保護者が知的障害者の就職を望んでいない	39	19.5
知的障害者が一般事業所で就労を望んでいない	38	18.9
経済的不況（採用する企業がない）	33	16.4
一般事業所の知的障害者に対する理解のなさ	20	9.9
施設が利用者の就職支援に積極的ではない	14	6.9
合計	201	100

⑬一般事業所で就職を望んでいる利用者の数

「少ない」111施設（81.0%）、「多い」16施設（11.6%）であった。そして、一般事業所への就職希望において、更生施設と授産施設では有意差が見られなかった。

2）施設内における就労状況

①知的障害者施設の就労作業内容

「農業」81施設（33.5%）が最も多く、次いで「公園などの清掃作業」50施設（20.7%）、「クッキー・パンの製造」44施設（18.2%）の順であった。

②利用者の最高工賃

最高工賃は「2万円未満」98施設（67.1%）、「2万円以上4万円未満」29施設（19.9%）と施設内の就労作業に対する賃金は低かった。[注4]

③利用者の工賃の支払い方法

「利用者の働く能力に応じて」101施設（62.0％）、「利用者の働く能力に関係なく一律平等に」35施設（21.5％）、「支払っていない」24施設（14.7％）であった。

④工賃に対する利用者の満足度

「満足している」76施設（52.4％）、「満足していない」38施設（26.2％）、「わからない」31施設（21.4％）であった。

⑤工賃にたいする保護者の満足度

「満足している」74施設（50.7％）、「満足していない」28施設（19.2％）、「わからない」44施設（30.1％）であった。

⑥施設は利益を上げる取り組みに努力しているか

「努力している」125施設（81.7％）、「努力していない」3施設（15.1％）であった。そして、利益を上げる取り組みは、授産施設の方が更生施設よりも努力しているという回答傾向が見られた（$\chi^2=12.133, p<.001$）。

⑦努力をしている場合、利益を上げる具体的な取り組み

「中小事業所への仕事依頼」69施設（35.0％）、「行政への支援の依頼」44施設（22.3％）、「職業訓練の充実」19施設（9.6％）であった。

⑧知的障害者の採用に必要なこと（表5-9）

表から、「一般事業所の知的障害者に対する理解」を求める回答が最も多かった。

表5-9 採用に必要なこと（複数回答）

	n	％
一般事業所の知的障害者に対する理解	116	36.2
障害者施設から一般事業所への積極的働きかけ	80	25.1
国全体の好景気	66	20.6
行政から知的障害者施設への支援	58	18.1
合計	328	100.0

6　考察

5割強の施設が、過去、5年間に利用者が一般事業所に就職したと回答

していた。しかしながら、1年間の平均就職率を見ると、わずか約1.3％であり、知的障害者の一般事業所における採用の難しさが示されている。

　就職している利用者の職種の多くは過去の報告（柴崎 2005）と同様に「軽作業」「製造業」などの作業であり、知的障害者が就職できる職種の数少なさも、一般事業所の就職率の低さの要因の一つになっているのではないかと考えられる。

　知的障害者が採用されにくい原因として、施設関係者は「知的障害者の技術不足」「保護者や知的障害者自身が就職を望んでいない」などの知的障害者側の問題点を指摘していた。したがって、一般事業所への知的障害者の就職について、今後、知的障害者施設関係者には、知的障害者への職業技術の獲得指導、就職への動機づけを持ってもらうための介入の検討が必要とされよう。一方、知的障害者の採用で必要な事については、一部の施設関係者は「一般事業所の知的障害者に対する理解」をあげており、一般事業所が知的障害者を採用しにくいのは「知的障害者に対する適切な仕事がない」という知的障害者の雇用を積極的に評価しないという問題点が指摘されている（清水ほか 2005）。ところが一方では、知的障害者を採用することで、一般従業員が知的障害者に仕事の配慮をするようになり、職場でのチームワークが向上し、安全性、健康などの問題を含めた労働環境の意識も高められたとその利点を強調する報告が存在する（Graffianm, J et al. 2002；柴崎 2005）。障害者雇用促進法とは関係なく仕事内容の必要性から自発的に障害者を雇用した一般事業所では、一般従業員と障害者の人間関係がよく、これらの一般事業所では、更なる障害者の雇用を考えていることも報告されている（三原・松本 2011）。そこで、一般事業所は知的障害者の就職では、障害があることによる課題だけに目を向けるのではなく、知的障害者の雇用のメリットにも目を向け、採用を考えて行くべきであろう。

　多くの施設関係者は、一般事業所に就職している利用者やその保護者は「短時間雇用」で給与が低くても、就職していることに満足し、継続的に働くことを望んでいると回答した。一方、一般事業所に就職していない施設利用者や保護者は、一般事業所での就職を期待していないと回答してい

た。これは、施設の利用者や保護者が一般事業所での低い給与や複雑な人間関係に悩むよりも、保護された施設での安定した生活を望んでいることを示しているのではないかと思われる。また、一般事業所で一度離職を経験した障害者は一般事業所で働くことに消極的になりがちであること（冨山 2005）、「施設利用者や保護者が一般事業所への就職を望んでいない」という指摘などから、利用者や保護者は一般事業所に就職できたとしても、失敗するかもしれないという不安を持つのであろう。ここに、知的障害者や保護者の就職に対する心理的葛藤と、障害者の就労を重視する障害者自立支援法の理念とのギャップが見られる。

施設内の作業内容は「農業」が最も多かった。知的障害者には事務的な複雑な作業ではなく、牛や馬などの飼育やしいたけ、野菜の栽培、米などの地道でかつ根気のいる農作業が適していると指摘される（大澤 2009）。ただ、東京などの首都圏とは異なり、中国・四国地方の知的障害者施設の就労作業の特徴が「農業」であると言えるかもしれない。

8割の施設が工賃を上げるために「中小事業所への仕事の依頼」や「行政への支援の依頼」を行っていたにもかかわらず、利用者に支払う最高工賃が2万円程度と低かった。だが、5割の施設関係者は、利用者や保護者がこの工賃に満足していると回答していた。これは、工賃が低くても、利用者や保護者は施設のなかで、安定し、保障された生活を望んでいると考えられる。

旧施設体系の更生施設と授産施設の比較では、施設の特性が幾つか明らかにされた。授産施設は、現在の「就労継続支援事業所」にあたり、更生施設は「障害者支援施設」にあたる。そこで、授産施設にあたる「就労継続支援事業所」は、利用者の作業や職業訓練を重視しているため、日常生活の支援を重視する更生施設「障害者支援施設」よりも、利用者の一般事業所への就職実績や施設内での作業に積極的な傾向が見られた。ただ、授産施設の「就労継続支援事業所」が利用者の一般事業所の就職のための職業訓練の役割を果たす通過施設でありながらも、現実には一般事業所での就職が困難となり、「障害者支援施設」と同様の長期の利用傾向が見られた。また、「保護者の就労満足度」「一般事業所への就職希望」も更生施設・授

産施設において有意差が見られず、保護者や利用者は現実として、一般事業所への就職は困難であると感じている。そこで、両施設において現実に利用者の一般事業所への就職が困難であるならば、今後、一般事業所からの下請作業だけに頼らず、施設内で独自の新しい商品開発・生産・販売を積極的に行い、その利潤を通して施設内の工賃を高め、それを利用者に還元し、利用者の生活を保障して行くことも一つの新しい方向性ではないかと思われる。

次に年齢についても考察してみた。一般的な労働期年齢は15-64歳である。しかし、調査対象となった施設の利用者の最高年齢が既に65歳以上という施設が6割存在していた。すなわち、65歳以上の労働期年齢を越えた利用者が社会的更生や職業訓練を目的とした更生施設・授産施設を利用している。つまり、65歳以上の利用者のなかには、施設で働くことに生きがいを感じているものも存在すると考えられる。しかし、一方で、高齢により働くことが難しい利用者もいるのではないかと思われる。そこで、福祉関係者には、一人ひとりの利用者のニーズと状況に応じた福祉サービスの提供を検討することが必要とされよう。

7 結論

最後に本調査の結論に触れてみる。

1970年代に障害者のノーマライゼーションが積極的に主張され、障害者も一般市民と同等の生活レベルを目標にその人々の環境への支援が行われた。そして、わが国では2006年の障害者自立支援法により、障害者の就労が重視され、地域社会における障害者の社会的自立が強調された。このような動向を見る限り、社会福祉行政、あるいは社会全体が障害者の存在を重視、注目をしてきたと言えよう。一方、知的障害のある本人やその保護者の多くは、一般事業所への就職には消極的であり、施設のなかで保護された生活を望んでいた。だが、知的障害者を採用した事業所では、一般従業員と知的障害者の人間関係がよく、一般従業員が知的障害者に仕事の配慮をするようになり、職場でのチームワークが向上し、労働環境の意識が高められたと言われている。このように現代の競争社会や格差社会で

あるからこそ、障害者の存在を通して社会的弱者の尊重をし、人権問題を提起するためにも一般事業所や施設における知的障害者の就職・就労は重要な問題ではあると言えよう。

【注】

1) この報告は、「進まぬ障害者雇用」朝日新聞、2009年6月21日付けによる。
2) この調査対象となった550施設は、全国の知的障害者施設名簿から中・四国地方の施設を選び、調査用紙を発送した。そして、調査用紙の施設の種類の選択欄に旧施設名を中心に記述した結果、主に旧施設名が記述された。
3) 過去5年間とは、2004年4月から2009年5月までである。なお、2006年4月の障害者自立支援法による一般事業への障害者の就職の影響については、本調査のなかで明らかにすることができなかった。
4) 実際の設問には、最低工賃の問いも設定したが、9割の施設が最低工賃を2万円以下と回答した。いずれにせよ、知的障害者施設の福祉的就労による工賃の低いのが実情である。

【引用文献】

Graffianm, J., and Smith, K., et al. (2002) Employer benefits and costs of employing a person with disability, *Journal of Vocational Rehabilitation*, 17, 251-263.

厚生労働省 (2010)「平成22年 障害者雇用状況の集計結果(平成22年6月1日現在)」厚生労働省.
http://www.mhlw.go.jp/stf/houdou/ 2r9852000000v2v6.html〈アクセス日：2012年3月29日〉, 2010.

京極高宣 (2009)「障害者の就労支援は、どうあるべきか？―新たな中間的就労の創造的開発を！―」『職リハネットワーク』65, 5-15.

近藤隆司・光真坊浩史 (2006)「高等学校における軽度発達障害をもつ生徒への就労支援の試み」『特殊教育学研究』44 (1), 47-53.

松矢勝宏(2008)「発達障害」『総合リハビリテーション』36(6), 549-553.

松尾秀樹(2010)「発達障害者の社会的自立を目指して―就労支援の取り組み―」『大学と学生』81, 45-51.

三原博光・松本耕二(2011)「一般事業所における障害者の雇用実態」『厚生の指標』58, 13, 31-35.

望月葉子(2010)「発達障害のある大学生の就労支援―職業への円滑な移行と適切な支援の選択のために―」『大学と学生』81, 22-27.

大澤史伸(2007)『知的障害者の就労問題―その現状と課題―』『名古屋学院大学論集 社会科学編』43, 4, 175-191.

大澤史伸(2009)『農業分野における知的障害者就労支援の取り組み―奈良県「植村牧場」の事例から―』『職業リハビリテーション』22, 29-36.

大山康弘(2009)『働く幸せ―仕事でいちばん大切なこと―』WAVE出版.

柴崎建(2005)『障害者の地域生活支援に関する一考察 ―知的障害者の就労をめぐる諸課題―』『東海女子大学紀要』24, 177-184.

清水潤・内海淳・鈴木顕(2005)『知的障害者の「新たな職域」開拓の背景と動向』『秋田大学教育文化学部教育実践研究紀要』27, 45-54.

冨山敬子(2005)「障害者を雇うことは特別ではない―知的障害者の就労支援―」『週刊金曜日』557, 38-40.

山村りつ(2010)「精神障害者の就労は増えたのか」『評論・社会科学』93, 81-96.

第6章

大学における障害者支援活動

第1節　大学の食堂における知的障害者の就労体験の取組

1　はじめに

　第5章まで、障害者の就労の動向、障害者の就労実態に関する統計的調査報告が主たるものであった。つまり、障害者の就労の実情を知ることが主たる目的にあった。しかし、本節では、これらの実態を踏まえて、障害者の就労支援を目的とした「大学の食堂での知的障害者の就労体験」の事例を紹介する。具体的には、この取組の実現にいたるまでの関係部署や機関等の調整、就労体験の内容と結果を紹介し、「大学の食堂での知的障害者の就労体験」における効果や影響についての検討を行うものである。なお、本取組が大学における地域の知的障害者に対するノーマライゼーションの取組に寄与し、かつ知的障害者の就労支援の一つのモデルとなり、最終的に他大学・高校などの教育機関の食堂等においても就労体験の機会の提供が可能になればと考えた。

　2006年の障害者自立支援法施行以降の知的障害者に対する就労支援実践の具体的報告を見ると、それらは牧場で牛や馬の飼育に励む事例（大澤 2009）、レストランなどの飲食店で食器洗いなどに従事した事例（今野・霜田 2006）、地域地場産業を重視した食品販売の事例報告（高橋ほか 2009）など、知的障害者にただ単純な仕事を提供するのではなく、彼らの特性を生かした職種を探し、十分な賃金の獲得を目指していることが特徴

的である。なお、障害者自立支援法施行前の報告では、小野塚（1998）は、228の農業経営者に対する調査から、半数の農業経営者が知的障害者を雇用し、知的障害者は主にきのこ類、養豚、果樹類、野菜作業に従事し、農業分野における知的障害者の就労に適性があるという報告をしている。また、佐久間・池本（1994）は、栃木県内の527の療育手帳所持者の調査から、多くの知的障害者は、一般企業では製造業、加工業などに就労し、就労している障害者の障害の程度は軽く、男性が女性よりも多く就労していると述べている。稲垣（2004）は、全国の知的障害者授産施設数が1991年の620施設から2001年には1186施設に増加していることと、授産施設の賃金の低さ（月額1万2000円）を報告している。

2　就労体験の方法

1）就労体験実施にいたる経緯

筆者は2008年にドイツの社会福祉大学を訪問する機会を得、ドイツの大学の喫茶店で、数名の精神障害者が従業員として学生や教員にコーヒーやケーキを運び、食器洗いをし、働いている光景に触れた。そして、障害者が大学の食堂で働くのは、日本の大学の食堂でも実践できるのではないかと考え、県立広島大学の食堂での知的障害者の就労体験の企画を考えた。また、大学の食堂での知的障害者の就労体験には、次の三つの利点があると考えた。まず、第1点は、知的障害者が、大学の食堂の仕事のなかで一般従業員や学生と挨拶をし、自分の要求や気持ちを相手に伝え、また相手からの要求などに対応することにより、対人接触技術を学び、社会的経験を養うことができるのではないかという点である（Wehman 2003）。第2点は、本取組によって、学生や教員は大学という場面で知的障害者の就労を知ることになり、学生や教員の知的障害者に対する理解がより深まるのではないかという点である。第3点は、本取組が、同じ地域のなかで大学と知的障害者がお互いに支えあい、当たり前の生活を共存するというノーマライゼーションの取組に寄与するという点である。

2）就労体験の場所

県立広島大学内の食堂。同大学は、筆者の所属する大学であり、保健福

祉学部には保健医療福祉の専門家を養成する五つの学科が存在する（人間福祉学科、作業療学科、理学療法学科、看護学科、コミュニケーション障害学科）。学生総数853名、教員総数111名である（2010年7月現在）。学内の入り口近くには診療所が開設され、そこで地域の高齢者、身体障害児（者）、知的障害児（者）が学内の教員（医師、理学療法士、作業療法士、看護師など）からリハビリテーションや心理療法の治療を受けている。また、各学科の学生達が診療所で実習や演習を行っている。

3）食堂業者・大学との調整

筆者は、大学の食堂の責任者に知的障害者の就労体験の機会を求めて次の様に依頼した。それは、障害者雇用促進法や障害者自立支援法により、社会全体が障害者の雇用・就労を考える風潮にあり、大学機関も障害者の雇用・就労について取り組まなければならない状況にあり、短期間でも、大学の食堂で障害者の就労体験の機会が提供されればという依頼であった。その結果、食堂の責任者は、本社が障害者雇用促進法により障害者を積極的に雇用していること、また大学が保健医療福祉の専門家を養成している関係上、障害者の就労体験に何か問題が生じたとしても、大学の関係者がそれに対処及び支援してくれるのではないかという理由により同意をしてくれた[注1]。また、大学側には、学内の会議に於いて、食堂での知的障害者の就労体験について説明した[注2]。その結果、本学が保健医療福祉の専門家の養成を目指し、保健医療福祉サービスの支援を必要としている人々の支援を目的・理念としていることなどから、大学も本取組に積極的に支援するという旨の了解を得た。

4）対象者の選定

筆者は三原市の障害者自立支援協議会を通して、大学の食堂での就労体験の希望を募った。その結果、大学の近くの知的障害者小規模作業所に通う30歳の利用者Y氏が希望を申し出たので、三原市障害者雇用就労のあり方検討会でそれを報告した。そして、Y氏が、いきなり、即座に1人で見知らぬ場所で就労体験をすることは難しいのではないかと判断し、作業

所の職員がジョブコーチとして一緒に参加するようにした。また、Y氏に大学の環境に慣れてもらうために、就労体験を実施する前、Y氏とジョブコーチの職員が食堂や大学を見学し、一部の学生と食堂でお茶を飲みながら交流を行った。就労体験が食べ物を取り扱う内容であったので、Y氏とジョブコーチの職員は検便の検査を受けた。また、食堂での作業着は、食堂の業者がY氏とジョブコーチに準備をした。

Y氏は男性、軽度の知的障害者である。三原市内の知的障害者H小規模作業所（以下、作業所と呼ぶ）に通いながら、週2日間程、パン店に通う。パン店では、食器やパン器具の洗浄作業に従事する。日常生活の身辺処理は自立し、言語的コミュニケーションも可能。ただ、自分から自発的に周囲に話すことなく、周囲から質問をされたり、話しかけられると話をする。周囲から1度に多くの事を要求されると理解が混乱となり、パニック状態に陥ることがある。

作業所所長によると、Y氏が大学の食堂での就労体験の対象者として選ばれた理由は、Y氏が作業所のなかで最もよく働き、対人関係などで問題がなく、大学の食堂での簡単な作業（清掃、食器洗いなど）に十分な就労体験の能力を持っているという点にあった。

5) 就労体験の内容

大学の食堂での作業は主にテーブル拭き、食器洗い、ゴハンと味噌汁をつぐことであった。Y氏は、朝、11時出勤し、最初の仕事は床の清掃であった。そして、11時半頃に厨房に入り、学生や教員が来たならば、彼らが希望をするご飯や味噌汁をついだ。これらの作業が終わると、次に食器洗いの作業を行なった。その際、ジョブコーチや食堂の従業員が、Y氏にご飯や味噌汁をついだり、食器を洗う作業の指示を行った。

就労体験の期間は2009年11月17日から19日、時間は11：00か

図6-1　大学食堂での就労体験

ら 15：00 であった。就労体験の期間が 3 日間の理由は、次の事情によるものであった。まず第 1 の理由は大学の食堂業者が知的障害者を職場に受け入れるのは初めてであり、わずか 3 日間でも食堂の従業員が知的障害者を理解するには十分な期間である点、第 2 の理由は Y 氏が作業所の貴重な就労のマンパワーであるので、長期間、Y 氏の不在が作業所の作業に支障をもたらすということであった。

3　就労体験の結果

ここでは、本就労体験の効果や影響を明確にするため、当事者 Y 氏、ジョブコーチ、学生、食堂責任者から聞き取り調査を行った。なお、本研究は、Y 氏と彼を取り巻くジョブコーチ、学生、食堂従業員との相互交流の視点に基づく分析を行った。

1）Y 氏からの聞き取り

まず、3 日間の大学の食堂での仕事は、作業の内容（食器洗い、ご飯やみそ汁をつぐなど）を一つひとつ覚えるのが大変だった。特に困った内容は、数人の学生がいるテーブルを拭く場合、一言声をかけてから、テーブルを拭かなければならないことであった。しかし、学生に"テーブルを拭くので、ちょっとよけて下さい。"と声かけをすると、学生がすぐによけてくれ、テーブルを拭くことができたので、うれしかった。このような経験から、大学の食堂のテーブル拭きや掃除などの作業も慣れたならば、出来ると思った。大学では多くの若い人々（学生）との触れ合いもあり、楽しそうだと感じた。また、ご飯を手渡すときに、学生がたくさんいるので、誰に渡して良いかわからなく、困ったこともあった。しかし、分らないことも食堂の従業員の方々に聞くと親切に教えてくれたので助かった。3 日間の就労体験はとても楽しかった。

2）ジョブコーチからの聞き取り

Y 氏にとって、当初、慣れていない食堂での作業の流れに入っていくことが大変だったと思った。しかし、食堂責任者が、事前に Y 氏に適した

作業の順番を決めており、しっかりと説明をしてもらっていたので良かった。ただ、食堂の従業員の方々から、時々、急に違う作業を頼まれることがありY氏が慌ててしまう場面もあった。そのときは、事前どおりに進めてほしいと感じた。このような大学での就労体験をY氏のみならず、作業所の他の利用者にも経験してもらいたいが、作業所の場合、作業所スタッフが3人しかおらず、そのうちの1人がジョブコーチとして付きっきりになることは、作業所の業務に支障がでるので、利用者の常時の就労体験は困難であると感じた。可能であれば、作業所スタッフが付き添わなくても、知的障害者の大学の食堂での就労体験ができるようなシステムを作って欲しいと思った。

　学生が食堂でY氏に"頑張って下さい"と声かけをすると、Y氏はとても喜んでいた。Y氏にとって、大学で多くの若い学生達と交わることのできた就労体験は、家や作業所ではできない貴重な体験になったと思われる。ただ、大学でのせっかくの体験だったので、もう少し学生と会話するなど触れ合いの時間があったならば良いと思った。食堂の従業員に対する期待は、一人ひとりの障害や特徴を理解して欲しいと感じた。そして、就労体験の事前に、就労体験対象者の障害や特性などを食堂の従業員の方々としっかりと話し合いをすることが必要だと思った。

3）学生からの聞き取り

　社会福祉士を目指す人間福祉学科の学生に対しては、筆者の授業のなかで、Y氏の食堂における就労体験について説明をした。そして、更にY氏の就労体験前日と当日に学内の全教職員へメールを配信し、食堂でのY氏の就労体験への支援と学生への伝達を依頼した。その結果、ある社会福祉を学ぶ学生は、Y氏の就労体験について次の様に述べていた。「過去、知的障害者施設の見学や実習のなかで、知的障害者が働いている場面をみる機会は何度かあった。しかし、今回のように、大学の身近な生活場面で就労している知的障害者を見る機会は始めてである。大学の食堂で働いている知的障害のY氏を見ることは、知的障害者の理解と同時に大学が果たす地域福祉の役割について考える機会にもなった。」

大学関係者も、学生や食堂関係者の報告を受け、今回の食堂でのＹ氏の就労体験が、大学も地域社会の障害者に対するノーマライゼーションの実践に寄与できたのではないかと述べ、評価していた。

4）食堂責任者からの聞き取り

　知的障害者の職場の受け入れは当初、不安であったが、実際に知的障害のＹ氏の就労体験を受け入れた結果、食堂の業務に支障がでるなどの問題は全く無かったし、かつ食堂の現場の従業員から批判の声もでなかった。ただ、食堂の従業員がＹ氏の指導に次のような点で戸惑ったことを報告していた。それは、従業員がＹ氏に"味噌汁をおわんに一杯ついで下さい"と伝えたとき、Ｙ氏は、おわんにたくさんの量の"いっぱい"の味噌汁をつぐのか、単にお玉に"一杯"の味噌汁をつぐのか、一杯の数値的概念が分らず、困った事であった。しかし、従業員が具体的にお玉に一杯の味噌汁を注ぐ行為をＹ氏に見せたことで、Ｙ氏は納得することができた。そして、このようなＹ氏が戸惑うような状況が生じたとしても、Ｙ氏のそばにジョブコーチが常に付いていたことが、Ｙ氏にとって安心だったようである。ただ、ジョブコーチが常にＹ氏のそばで指導をするのは大変と思われるので、学生がボランティアとして、知的障害者のＹ氏と一緒に食器洗いなどの作業をするのも一つの方法ではないかと感じた。

4　考察

　本取組がＹ氏や各関係者からの聞き取りから、Ｙ氏と大学の両方にとって有意義であったことが分かる。ここでは、この取組の考察を行う。

1）Ｙ氏にとって就労体験の意義

　Ｙ氏は多くの若い人々と接触し、"こんにちは" "ありがとうございます"の挨拶をしたり、"テーブルを拭かせて下さい"などの自分の要求を伝えたりする新たな対人接触技術を学んだと思われる。なぜならば、Ｙ氏は作業所やパン店での作業などで、あまり多くの人々とかかわることがなかったからである。Ｙ氏は当初、「こんなにたくさんの若い学生と接触するの

は初めてで驚いた」と述べていた。そして、作業所所長は、Y氏が大学でたくさんの若い学生達との交流をとても喜んでいたことを報告している。多くの知的障害者は、生後、知的障害と診断を受けた後、特別支援学校、施設など限られた生活空間で過ごすことが多く、対人接触や社会的経験が乏しくなる。その意味において、Y氏が就労を通して大学で多くの学生と交流をしたことは、Y氏の対人接触や社会的経験を養う意味で重要であったと言えよう。また、Y氏の就労体験が作業所と大学との間に新たな関係を作り出した。例えば、大学の図書館には、地域住民に図書の利用システムがあり、作業所の所長はそのようなシステムがあることを知らず、Y氏の就労体験に伴う大学の案内でその情報を得、これ以降、大学の図書を利用するようになったとの事である。また、県立広島大学では、2006年から、毎年、5月に地域の障害者施設利用者、家族、職員と学生達が大学の体育館と調理実習室を利用して、一緒にビーチボールバレーと食事交流会を行っているが、2010年の交流会にはY氏と彼の所属する作業所全員が交流会に参加し、学生との交流を楽しんだ。このように、Y氏や作業所関係者にとって、大学が身近な存在となったのである。本取組が地域のなかで、大学と知的障害者、家族がお互いに認めあい、時間を共有することが、当たり前の生活だというノーマライゼーションの取組に寄与したと言えよう。

2) 学生及び食堂の従業員にとってY氏の就労体験の意義

次に学生のなかには、食堂での知的障害者の就労の取組に対して、当初、違和感を感じていたが、Y氏が食堂で一生懸命仕事をしているのを目にして、その違和感はなくなり、それが当たり前と感じるようになったと報告するものもいた。大学における知的障害者の就労は、特に学生が将来、医療福祉の専門家として働くとき、障害者やその家族を深く理解し、より良い支援に寄与できるのではないかと考えられる。一方、食堂の従業員にとっては、職場で障害者を受け入れることは、障害者への配慮を通して、やさしい気持ちが出て、お互いを思いやることができるなどからチームワークの向上や安全性、健康などの問題も含めた労働環境の意識を高めることに

なるのではないかと思われる（Graffianm et al. 2002；清水ほか 2005；柴崎 2005）。

3）Y氏の就労体験の成功の要因

本取組が成功した要因の一つとして、食堂の現場で働く従業員からの協力があったことがあげられよう。なぜならば、食堂や大学の責任者が知的障害者の就労体験の許可をしたとしても、実際に知的障害者を直接作業指導をする現場のスタッフからの支援がなければ、彼らの就労体験の成功は難しいと考えられるからである。そこで、知的障害者の職場の定着には、ジョブコーチの支援のみならず、企業で共に働く従業員の支援も重要となるのである（鈴木ほか 2009）。

最後に学生からの直接支援も成功の要因の一つにあげられよう。就労体験の開始前、期間中、Y氏は筆者の研究室で学生達とお茶を飲みながら、雑談を楽しんでいた。そして、学生がY氏に"頑張って下さい"と食堂でY氏に暖かく声かけをしていた。このような学生からの声かけや学生との交流が、Y氏の就労体験に好ましい影響を及ぼしたと言えよう。

5 課題

本取組が知的障害者当事者やその関係者並びに、学生及び大学に大きな意義もたらしたことは明らかである。ただ、今回、もしもY氏が突然無断欠勤をしたり、作業を怠けたりして、十分な就労体験が出来なかった場合、福祉作業所関係者、食堂の従業員のあいだに不信が生じる別の結果になってしまっていたであろう。将来、もしも大学の食堂での知的障害者の就労体験が何らかの事情により中断し、失敗に終わったとしたら、そこでその失敗を分析し、食堂関係者と共に知的障害者の就労体験を継続的に受け入れる環境整備を考えて行く必要があろう。重要な点は、知的障害者の就労体験の機会が、大学内で継続的に提供されることである。その意味でも、2010年11月に、大学の食堂で特別支援学校高等部の生徒の就労体験が、再び企画されていることは重要である。

次に、大学の食堂における就労体験だけでなく、将来、大学独自での知

的障害者の雇用についての検討も必要とされよう。その際、大学がどのような知的障害者を雇用し、どのような業務に就労してもらうのかを考慮しなければならないであろう。

　Y氏の大学の食堂における就労体験が、地元の新聞やテレビなどで取り上げられ、地域住民及び福祉関係者がこれらの活動に関心を寄せるようになってきている。とりわけ現在では、大学が地域の福祉問題にかかわり、地域福祉への貢献が求められるようになってきており、特に公立大学法人は地域貢献という課題を切り離して大学運営は考えられない。その意味において、今後も、大学による地域の障害者を対象としたノーマライゼーションを目標とした取組が必要とされるであろう。

第2節　大学生の障害者の就労に対する意識

1　はじめに

　前節では、大学の食堂における知的障害者の就労体験の取組について述べてきた。大学の食堂における知的障害者の就労体験は、2010年以降、毎年、実施されてきた。そこで、県立広島大学の学生達が、食堂における知的障害者の就労体験をどのように評価しているのか、あるいは学生達が知的障害者の就労・雇用に対してどのような意識を持っているのかを調べることにした。すなわち、本研究を通して、学生達の知的障害者の雇用・就労意識を明らかにし、将来、大学における知的障害者の雇用を進める環境を作ることと、そして本調査結果を県立広島大学の専門家養成教育に反映させることを目的とした。

2　調査方法

　調査対象者は、県立広島大学で保健医療福祉の専門家を養成する3学科（人間福祉学科、理学療法学科、看護学科）の学生合計219名であった。
　調査は、学生の大学の食堂における知的障害者の就労体験の評価、知的障害者の就労意識を把握するために質問紙調査を実施した。調査は、大学

の食堂で知的障害者が就労体験を実施している期間、あるいは終了後に、各学科で実施され、調査用紙が回収された。調査期間は、2012年11月末から12月上旬までであった。

3　調査内容

県立広島大学の食堂で就労体験を行っていたのは、市内の特別支援学校に通う17歳の知的障害のある女性であった。この女性は、言語的コミュニケーションなどの対人関係に特に問題はなかった。女性は、食堂で清掃（テーブル拭き）、食器洗い、食事準備（味噌汁をつぐ、ご飯をつぐなど）の就労体験を行った。彼女の就労体験の期間は、2012年11月26日から28日の3日間であった。質問紙による調査項目は（1）大学の食堂における知的障害者の就労について、（2）知的障害者の雇用問題（障害者雇用促進法、知的障害者雇用など）、（3）対象者属性（年齢、性別、学年、所属学科）であった。質問は、主に知的障害者の雇用・就労の意識に関するものであり、質問項目数は23であった。

質問紙は無記名であること、調査結果は学術的な目的のみに使用され、かつ統計的に処理するため個人が特定されないことなどの説明記述をし、倫理的配慮をした。

質問紙調査により回収したデータは、単純集計で全体の状況を把握するとともに学科別による意識の有意差を調べることにした。つまり、学んでいる専門性が、学生の知的障害者の就労意識にどのような影響を及ぼしているのかを調べる目的であった。本研究で使用した統計ソフトはSPSS ver. 14.0を用いている。それぞれの項目には回答拒否・欠損も含まれるためサンプル数は項目によって大きく異なる。

4　調査結果

1）対象者の属性（表6-1）[注3]

調査対象の学生達の学科では、人間福祉学科の学生が6割を占めた。性別では、女性が8割を占めた。年齢では、20歳と21歳で5割を占めていた。学年は2年生と3年生で6割を占めた。

大学の食堂を「利用している」と回答した学生は144名（66.1％）、「利用していない」74名（33.9％）で、回答者の半数以上は、大学の食堂を利用していた。

2）大学食堂で、障害者の就労体験を知っているか

「知っている」194名（89.4％）、「知らなかった」23名（10.6％）であった。
① 「知っている」場合は、どのようにして、障害者の就労体験を知ったのか

「教員から聞いた」129名（64.8％）、「実際にみてわかった」49名（24.6％）、「友人・知人から聞いた」7名（3.5％）となり、6割は職員からの情報であった。

3）大学食堂で3日間、就労体験している障害者を見たか

「見た」99名（45.8％）、「見なかった」117名（54.1％）であった。
① 「見た」と回答したものは、その障害者に声をかけたか（例：挨拶など）
「声をかけた」18名（16.8％）、「声をかけなかった」89名（83.2％）となり、8割は様子を見ているだけであった。
② 「声をかけた」場合の障害者の様子
「うれしそうな様子であった」11名（61.1％）、「特に何も感じなかった」5名（27.7％）、「分からない」2名（11.2％）であった。

4）大学の食堂における知的障害者の就労体験の評価[注4]

①障害者の就労体験にとって良いと思うか
「良いと思う」217名（99.1％）、「良いと思わない」2名（0.9％）であった。
②学生が障害者を知る機会になる
「思う」213名（97.2％）、「思わない」6名（2.8％）であった。
③大学と地域の障害者の連携のために良い
「思う」215名（98.6％）、「思わない」3名（1.4％）であった。

5）これまで障害者が働いているのを見たことがあるか（表6-2）

表から、5割の学生が、彼らの日常生活のなかで障害者が働いているの

表6-1 対象者属性

項 目		n	%
学科	人間福祉	136	62.1
	看護	57	26.0
	理学療法	26	11.9
性別	男性	25	11.4
	女性	185	84.5
年齢	18	22	10.0
	19	46	21.0
	20	68	31.1
	21	53	24.2
	22	24	11.0
	23-32	5	1.9
学年	1	41	18.7
	2	87	39.7
	3	62	28.3
	4	29	13.2

表6-2 これまで、障害者が働いているのを見たことがあるか

項 目	n	%
みたことがない	53	24.9
過去に何度か見た	60	28.1
たまに見かる	33	15.5
日常的に見かける	14	6.6
わからない	53	24.9
合計	213	100.0

表6-3 障害者が働いていた場所

項 目	n	%
役所など行政機関	5	4.6
学校	16	14.8
店などの商業施設	36	33.3
物づくりの工場	33	30.6
その他	18	16.7
合計	108	100.0

をみた。

①障害者が働いていた場所（表6-3）

「店などの商業施設」「物づくりの工場」などの回答が多かった。

②どのような種類の障害者が働いていたか

「知的障害者」41名（37.6％）が最も多く、次いで「身体障害者」33名（30.3％）が多く、「精神障害者」5名（4.6％）、「発達障害者」5名（4.6％）であった。

③どのような頻度で、障害者が働いているのを見たか

「たまに見かける」44名（40.4％）の回答が最も多く、次いで「複数回」31名（28.4％）、「日常的に見る」19名（17.4％）、「1度だけ」15名（13.8％）の順の回答であった。

6）障害者雇用促進法について知っているか（表6-4）

表の結果から、約7割がこの法律について知っていると回答し、そのう

表6-4　障害者雇用促進法について知っているか

	n	%
十分に知っている	4	1.8
知っている（名前も内容も大まかにわかる）	81	37.3
まあまあ知っている（名前は知っているが、内容までは知らない）	71	32.7
ほとんど知らない	41	21.7
全く知らない	14	6.5
合計	211	100.0

表6-5　一般企業で障害者の雇用が進んでいる意識の比較

項目	学科	n	平均値	標準偏差	分散分析（F検定）	
					F値	p.
一般企業で障害者の雇用は進んでいるか？	看護	49	2.90	.425	6.326	**
	理学療法	21	2.62	.590		
	人間福祉	131	2.99	.438		
	合計	200	2.93	.465		

** $p<.01$
注：項目の測定尺度と点数化は次のようにした。「1. とても思う～4. 全く思わない」の4段階尺度で選択肢の素点をそのまま点数化した。

ち3割強が内容について知っていると回答していた。

7）一般企業で障害者の雇用は進んでいると思うか

「思わない」171名（78.8％）、「思う」29名（13.4％）となり、7割強が、一般企業で障害者の雇用は進んでいると思っていなかった。特に人間福祉学科の学生が他学科の学生よりも一般企業で障害者の雇用が進んでいないと感じており、回答結果に有意差が見られた（表6-5、$p<.01$）[注5]。

①障害者の雇用が進まない理由（複数回答）（表6-6）

「企業が障害者の雇用を望んでいない」という回答が最も多く、次いで「障害者が働くための職種が少ない」という回答が多かった。

表 6-6 障害者の雇用が進ない理由（複数回答）

項　目	n	%
経済的不況で障害者雇用の余裕がない	73	26.5
企業が障害者の雇用を望んでいない	114	41.5
障害者が働くための職種が少ない	83	30.2
障害者自身が就職に積極的ではない	5	1.8
合計	275	100.0

8）将来、大学における知的障害者の雇用について

「良い」204名（94.4％）、「どちらとも言えない」12名（5.6％）となり、9割の学生は、大学における知的障害者の雇用について肯定的に考えていた。

9）本調査を通して大学における知的障害者の就労体験や就労支援に興味を持ったのか

「興味を持った」171名（79.9％）、「どちらでもない」41名（19.2％）、「持たなかった」2名（1.0％）であり、約8割が関心を持ったと回答していた。

10）現在、身の回りに障害者がいるか（表6-7）

6割が「いない」と回答したが、4割は「友人・知人」「家族」「親族」に「いる」と回答し、約半数の身近に障害者がいた。

表 6-7　あなたの身近に障害者がいるか

項　目	n	%
友人・知人にいる	46	22.3
親族にいる	27	13.1
家族にいる	9	4.4
いない	124	60.2
合計	206	100.0

11) 日常生活のなかで障害者との関わる機会（表6-8）

「以前、通っていた学校に障害児学級があった」が最も多く、次いで「ボランティア活動を通して関わりがある」「通勤・通学の際、近所で見かける」の回答が多かった。

表6-8 日常生活のなかで障害者と関わる機会

項　目	n	%
現在、日常的に職場や学校などで関わりがある	30	14
ボランティア活動を通して関わりがある	54	25.1
通勤・通学の際、近所で見かける	51	23.7
以前、通っていた学校に障害児学級があった	65	30.2
障害者問題のテレビや映画はよく見る	14	6.5
これまで特に接触はなかった	1	0.5
合計	215	100.0

5　考察

　調査対象の6割は人間福祉学科の学生達であった。そして、調査対象となった学生達の8割は、大学の食堂における知的障害者の就労体験については、教員を通して情報を得ていた。そのうちの約4割が実際に食堂の知的障害者の就労体験の様子を見ていた。これらの回答結果の要因には、食堂における知的障害者の就労体験の企画・実施の責任者が人間福祉学科の教員であったこと、質問紙調査もこの教員を中心に実施されたことが影響を及ぼしたと思われる。また、多くの学生が、食堂で就労体験をしている知的障害者に声をかけなかったのは、面識のない知的障害者に声をかける恥ずかしさや躊躇さが、学生自身のなかにあったと思われる。

　調査対象の9割以上の学生が大学の食堂における知的障害者の就労体験について、「学生が障害者を知る機会になる」「大学と地域の障害者の連携のためによい」の質問に対しては、肯定的な回答をしていた。これは、学生の多くが大学の講義や実習で障害者福祉の問題について学んでいることが、回答結果に影響を及ぼしていると思われる。また、5割の学生は、身

近な場所で、知的障害者や身体障害者が「店などの商業施設」「物づくりの工場」で働くのを見ており、しかもその頻度も約7割が何回も見ており、この面は、障害者が一般の日常生活場面で働いていることを示しているのではないかと思われる。

　障害者雇用促進法については、約7割の学生が知っていたが、8割近い学生は、一般企業における障害者の雇用は進んでいないと感じていた。特に人間福祉学科の学生達が、他の学科の学生達よりもこの法律について知り、障害者の雇用は進んでいないと強く感じていた。これは、人間福祉学科の学生達が学科の「就労支援サービス」という講義のなかで、障害者の雇用・就労支援について学んでおり、その現実や実情を知っている結果によるのではないかと思われる。そして、学生達の多くは、障害者が雇用されない理由が障害者自身の問題ではなく、企業や社会全体にあると考えており、このような事情から、9割以上の学生が大学における知的障害者の雇用について肯定的に考えていると思われる。

　次に学生達の6割には、身近に障害者がいないと回答をしていたが、2割の学生は身内・親族に障害者を持っていた。身内・親族に障害者がいる事が、子ども達の将来の医療福祉関係の仕事の選択に影響を及ぼしているという報告もあり（三原 2000）、このことも、学生達の知的障害者の雇用・就労支援の関心の高さになっているのかもしれない。そして、過去の学校での経験、ボランティア活動、日常的に職場や学校での関わりが、学生達の障害者の雇用・就労支援の意識に影響を及ぼしていると想像される。また、学内の入り口近くには診療所が開設され、地域の高齢者や障害児（者）が学内の教員からリハビリテーションや心理療法の治療を受けているが、県立広島大学全体に知的障害者を理解する雰囲気もあって、このことも学生の回答結果に影響を及ぼしていると思われる。特に本調査の質問紙を通して、約8割の学生が知的障害者の就労問題に関心を持ったと回答をしており、もしも県立広島大学が独自に知的障害者を雇用したならば、学生達が知的障害者の就労を支援してくれるのではないかと期待できる。

　今後の調査課題について触れる。

　県立広島大学の食堂における知的障害者の就労体験に対する学生達の好

意的な評価には、学生達に障害者の保健医療福祉について学ぶ機会があることも影響を与えている。したがって、本調査結果が、知的障害者の雇用・就労に対して好ましい結果を示しても当然であると言えるかもしれない。心理系・福祉系の学生が障害者のイメージや態度に好意的に示していることは、山口・吉武（2005）の報告においても見られる。そこで、今後の調査課題として、保健医療福祉の専門領域とは異なる経済、法律、工学などを学んでいる学生達との意識の比較が必要と思われる。それによって、学生達の専門領域が知的障害者の雇用・就労の意識にどのような影響を及ぼしているか、明らかとなると思われるからである。

第3節　大学におけるドイツ菓子講習会を通して障害者就労支援

1　はじめに

　第1節では、大学における知的障害者の就労支援活動として、大学の食堂での知的障害者の就労体験が述べられた。それは、知的障害者が食堂での清掃、食器洗い、食事の配膳などの就労体験をし、食堂従業員や学生達との交流を通して、対人接触技術を習得する取組であった（三原 2011）。この取組の目標は、大学という高等教育機関を社会資源として活用し、地域の障害者福祉の貢献を目指すことにある。このような経緯のなかで、今回は、大学において障害者と学生の交流を目的として、新たにドイツ菓子作り講習会（以下、講習会と呼ぶ）を企画した。具体的な活動として、2012年8月、ドイツ菓子作りの職人（マイスター）を講師に招き、学生と障害者、障害者の保護者・施設職員、教員を対象に講習会を実施した。その結果、参加者はドイツ菓子作りに満足をし、お互いの状況を理解するようになった。特に、市内で知的障害者を雇用し、パン製造・販売事業所を経営している障害者の保護者は自店でパン以外の新しいドイツ菓子の販売を新たに考えた。その後、障害者の保護者であるこの経営者と大学の教員が中心となり、自発的に2回、大学で学生、精神障害者、障害者の保護者・

施設職員、教員と一緒にドイツ菓子を作り、ドイツ菓子製造技術を習得した。そして、この経営者がドイツ菓子を大学との共同開発商品として自店で販売する旨を大学に申請し、許可を得た。その結果、この店でドイツ菓子が販売され、利益を上げ、店で働く知的障害者たちの工賃向上へと到った。また、最初の講習会に参加した発達障害者が店に就職することになった。一方、ドイツ菓子講習会に参加した学生達のなかには、障害者との交流を通して、障害者問題に関心を持ち、卒業論文に障害者家族の問題を取り上げ、障害者関係の施設に就職を希望するものもいた。すなわち、大学における講習会が最終的に地域の障害者の就労支援と学生の社会福祉教育に貢献したのではないかと考えられる。そこで、本報告は、大学におけるドイツ菓子講習会の取組の内容を紹介する。具体的には、この取組の実現にいたるまでの過程、2012年8月と10月に実施された講習会の内容と調査結果（参加者の満足度等）を紹介し、大学における障害者の就労支援の検証を行うことを本研究の目的とする。

大学機関における障害者の就労支援に関しては、軽度発達障害の学生の就労支援（望月 2010）、学生をジョブコーチとして採用し、大学内の食堂で特別支援学校卒業生の他者とのコミュニケーションを支援した実践報告（矢端ほか 2012）、学生ジョブコーチによる障害者の就労支援システムの重要性が報告されている（望月 2007）。また、近年、全国の国公立大学においては、地域の障害者就労支援施設等からの物品等（事務用品、食料品、小物雑貨品などを）購入調達することで、障害者の工賃向上を目指す就労支援が行われてきている。[注6)7)]

また、わが国の伝統ある障害者による食品関連の起業については、障害者支援施設「こころみ学園」と「ココ・ファーム・ワイナリー」のぶどうワインの生産、スワンベーカリーのパン製造・販売事業があげられる。1980年代から、栃木県「こころみ学園」の知的障害者がぶどうを栽培し、それを「ココ・ファーム・ワイナリー」でワインを製造し、販売し、多大な収益をあげていることが報告されている（農林水産研究所 2011）[注8)]。一方、スワンベーカリーは、「ヤマト福祉財団」小倉昌男理事長が、それまで作業所などで1万円以下と低かった障害者の工賃を月給10万円以上にする

目的でパンの製造・販売を 1998 年から実施した取組である[注9]。これらの取組は福祉施設や福祉関連企業で実施されたという特徴がある。これに対し、本取組は大学という高等教育機関が地域の知的障害者事業所と共同で開発し、大学認定商品として学内外で販売、障害者の工賃向上や雇用に貢献したという数少ない事例であろう。

2　方法

1）ドイツ菓子講習会活動の経緯

　ドイツで菓子職人のマイスター（Meister）の資格を取得し、H 県内でドイツ菓子店を経営しながら、同時に地域の精神障害者作業所の利用者を対象としたドイツ菓子の指導のボランティア活動に従事している T 氏（40 歳代）に、大学で学生、障害者とその保護者を対象に講習会の開催を依頼し、承諾を得、企画を実施した。この講習会には、次の五つの利点があると筆者は考えた。

　まず、第 1 点は、学生にとって、障害者や保護者と共にドイツ菓子作りに取り組むことで、障害者家族を理解するという啓蒙的利点、第 2 点は、障害者にとっては、学生達と一緒に菓子作りの交流を通して対人接触技術を学ぶことができる利点である。第 3 点は、障害者が菓子製造技術を習得することで、将来、菓子関連事業所への職に結びつけるという職業技術獲得への利点、第 4 点は大学の学園祭などで販売をし、収益金を障害者の工賃に還元する障害者への工賃向上に貢献できるのではないかという点、第 5 点は最終的に本取組が大学における地域の障害者に対するノーマライゼーションやインクルージョンの取組に寄与し、障害者就労支援の一つのモデルとなる点である。なお、調理するお菓子はドイツ菓子を代表する「シュトーレン」である。

2）ドイツ菓子講習会のプロセス

　講習会は、県立広島大学の調理実習室で、以下のプロセスで実施された。
　まず、最初に講師の T 氏がドイツ菓子「シュトーレン」の特徴と調理方法を簡単に説明した。そして、T 氏は参加者にどれだけの量の小麦粉や

バター、砂糖、調味料を混ぜれば良いかを示しながら、菓子の生地を作るプロセスを説明した。参加者はT氏の説明に耳を傾け、分からない所はT氏に質問をし、はかりで調理材料の重さを量りながら、調味料量を調整した。参加者は2名ずつで一つのグループを形成

図6-2 ドイツ菓子作り講習会風景

し、各々が1本の「シュトーレン」を作った。T氏は各グループを回り、調理の方法を細かく指導を行った。また、参加者は調理の仕方が分からないときは、T氏に質問をするだけでなく、参加者同士でお互いに調理の方法を確認しながら、調理を進めた。なお、「シュトーレン」の主な材料は、〈つけこみフルーツ〉は、「レーズン」「オレンジピール」「ラム酒」などであった。〈生地〉は、「牛乳」「イースト」「バター」「砂糖」「塩」「香料」「強力粉」「薄力粉」の材料で作成された。そして、各グループの「シュトーレン」の生地が出来上がった後、オーブンレンジに入れ、約1時間焼き、仕上がりを待った。出来上がった「シュトーレン」を試食した結果、全ての参加者がとても"美味しい"と述べていた。

大学の調理室にはオーブンレンジが少ないため、菓子を焼く数が限られるため、参加者も最高13名と限定された。

図6-2はドイツ菓子作り講習会の風景である。

3) ドイツ菓子講習会参加に対する調査

講習会後、講習会に対する質問紙調査を参加者に実施した。質問紙調査は、障害者、保護者・施設職員の負担にならないように簡潔な質問項目とした。質問項目の内容は、①講習会に対する満足、②大学で学生、保護者、障害者が一緒にドイツ菓子を作る企画について、③お菓子の販売（ドイツ

菓子を障害者が大学の学園祭で販売することについて）、④自由記述、であった。

4）第1回講習会参加者（2012年8月）

市内の発達障害者支援センターに通う菓子作りに興味のある2名の発達障害者が参加した。また、市内で知的障害者を雇用し、パン製造・販売事業所を経営している障害者の保護者が参加した。

ア．発達障害者（2名）

A氏：23歳。普通高校卒業する。その後、お菓子の専門学校を卒業する。パニック障害がある。特に対人接触に関しては不安が強く、人前で話す事が困難である。過去、2度、就職をするが、職場での対人関係や仕事などで、不安が強くなり、手が震え、仕事ができなくなって、中途退職となる。

B氏：21歳。自閉症。小・中学校は特別支援学級に通い、高校は市内の定時制高校に通う。子どもの頃から、菓子作りに興味を持つ。言語コミュニケーションの特徴は、反響言語である。お菓子の専門学校に通っている。

この2名が通う発達障害者支援センターの1名の職員も補助者として参加をした。

イ．障害者の保護者2名（女性）：共に重度の知的障害者の母親である。年齢は50歳代と60歳代であり、普段から障害者関係のボランティア活動を積極的に行っていた。もしも「シュトーレン」の調理技術が取得できたならば、家庭で「シュトーレン」をつくり、このお菓子の調理技術を他の障害者の保護者に伝えたいと考えている。

ウ．障害者事業所（パン製造・販売店）経営者N氏（障害者の保護者：70歳代）：自閉症の女性の母親であると同時に市内で知的障害者数名を雇用し、パン製造・販売店を経営している。

エ．学生7名（女性：4年生）：社会福祉士を目指す学生で、既に障害者施設、病院などで実習を行っている。

オ．教員O氏：53歳。男性。看護学科の教員。看護学校で看護を学ぶ

前に、お菓子の専修学校に1カ月通った経験があり、お菓子作りに興味を持っている。

5) 第2回講習会参加者（2012年10月）

前回の講習会に参加した障害者事業経営者N氏と大学教員O氏の両者が中心となり、ドイツ菓子「シュトーレン」の調理を指導した。ここでは、第1回に参加したドイツ菓子のマイスターT氏は参加しなかった。今回は、市内の精神病院のデイケアに通う利用者3名が参加した。以下、その参加者である。

ア．精神障害者（3名）

C氏：49歳。女性。長年、会社の事務職として勤務をしていたが、対人関係のトラブルから、仕事の継続が困難となり、引きこもりとなった。感情障害あり。将来は、社会的に自立して働きたいと考えている。

D氏：35歳。男性。パーソナリティ障害。外食産業に勤務していたが、仕事のトラブルで、引きこもりとなり、仕事の継続が困難となる。その後、ホームヘルパーの資格取得。精神科医院では、診察、カウンセリング、デイケアを利用する。

E氏：48歳。男性。造園業手伝いの仕事をするが、統合失調症となり、仕事の継続が困難となる。

イ．発達障害者B氏：前回、講習会に参加した発達障害者のB氏も参加した。

ウ．障害者事業所（パン製造・販売店）経営者N氏（障害者の保護者：70歳代）：前回の講習会にも参加した。

エ．引率職員1名（精神保健福祉士ソーシャルワーカー）

オ．学生6名（女性）：人間福祉学科4名（1年生2名、2年生1名、3年生1名）、看護学科1年生（2名）である。2回目の講習会には、1回目参加した学生は参加していなかった。

カ．障害者保護者1名（女性）：この保護者は前回の講習会にも参加した。

2回の講習会のグループ構成方法については、学生と障害者、障害者保護者が交流できるようにメンバー構成の配置をした。そこで、1グループ

が3-4名となり、4グループが構成された。各グループには必ず、学生と障害者が配置された。学生達への参加は障害者福祉に関心のある学生に参加を呼び掛けた。精神障害者の場合、病院のデイケアの職員が、大学でのドイツ菓子講習会を利用者に紹介し、希望者を募った。そして、第1回講習会と同様に、講習会後、質問紙調査が実施された。

3 調査結果

1) 第1回講習会
14名の参加者から回答を得た。

(1) 発達障害者の回答結果（2名）
①講習会に対する満足
「非常に満足した」2名であった。
②大学で学生、保護者、障害者が一緒にドイツ菓子を作る企画について
「非常に良かった」2名であった。
良かった理由：「楽しく出来た」「学生の啓発になる」ことが記述されていた。
③お菓子の販売（ドイツ菓子を障害者が大学の学園祭で販売することについて）
「非常に良いと思う」1名、「まあまあ良いことだと思う」1名であった。

(2) 障害者の保護者・施設職員の回答結果（5名）
①講習会に対する満足
「非常に満足した」5名であった。
満足した理由：「一流のマイスターからお菓子作りを習うことができた」「とても楽しそうな雰囲気であった」ことが記述されていた。
②大学で学生、保護者、障害者が一緒にドイツ菓子を作る企画について
「非常に良かった」5名であった。
良かった理由：「福祉を学ぶ学生と障害者がお互いに交流できる場が大切だと思った」ことが記述されていた。
③お菓子の販売（ドイツ菓子を障害者が大学の学園祭で販売することについて）

5名全員が「非常に良いことだと思う」と回答していた。
④自由記述
・継続して、今後もこのような活動に参加したい。
(3) 学生の回答結果（7名）
①講習会に対する満足
「非常に満足した」7名であった。
満足した理由：「普段の学校の勉強とは違う事を学び新鮮であった」「お菓子がとても美味しかった」「ドイツ菓子に今まで触れることがなかったので、実際に作ることができて楽しかった」ことが記述されていた。
②大学で学生、保護者、障害者が一緒にドイツ菓子を作る企画について
「非常に良かった」6名、「まあまあ良かった」1名であった。
良かった理由：「障害者と交流を含めたお菓子作りは貴重だと思う」ことが記述されていた。
③お菓子の販売（ドイツ菓子を障害者が大学の学園祭で販売することについて）
「非常に良いことだと思う」6名、「まあまあ良いことだと思う」1名、であった。
④自由記述
・講習会のための準備をしっかりしたい。

2) 第2回講習会
13名の参加者から回答を得た。
(1) 精神障害者・発達障害者の回答結果（4名）
①講習会に対する満足
「非常に満足した」1名、「まあまあ満足した」2名、「あまり満足しなかった」1名であった。
②大学で学生、保護者、障害者が一緒にドイツ菓子を作る企画について
「非常に良かった」1名、「まあまあ良かった」3名であった。
良かった理由：「学生と交流できたから」ことが記述されていた。
③お菓子の販売（ドイツ菓子を障害者が大学の学園祭で販売することに

ついて）

「非常に良いと思う」3名、「まあまあ良いことだと思う」1名であった。

④自由記述

・いろいろな料理の講習会をやって頂きたい。

(2) 障害者の保護者・施設職員の回答結果（3名）

①講習会に対する満足

「まあまあ満足した」3名であった。

満足した理由：「失敗したとしても、それを次につなげようとする姿勢が見られました」

「前回は参加だけであまり興味がわかなかったが、二度目で経過が少しわかりかけたなかと思います」ことが記述されていた。

②大学で学生、保護者、障害者が一緒にドイツ菓子を作る企画について

「非常に良かった」1名、「まあまあ良かった」2名であった。

良かった理由：「皆で一つのことに取り組むのは良い」「楽しみながらの相互理解の手段として良いのではないかと思う」「学生と障害者の横のつながりが大きくなった気がし、次への夢が広がった」ことが記述されていた。

③お菓子の販売（ドイツ菓子を障害者が大学の学園祭で販売することについて）

3名全員が「非常に良いことだと思う」と回答していた。

④自由記述

・障害者も継続してこのような講習会に参加し、他の作業所全体での取組が為されれば、障害者全体の工賃向上に寄与できるのではないかと思う。

(3) 学生の回答結果（6名）

①講習会に対する満足

「非常に満足した」4名、「まあまあ満足した」2名であった。

満足した理由：「他学科・他学年の学生たちと交流できた」「障害者の保護者と話す機会が得られた」ことが記述されていた。

②大学で学生、保護者、障害者が一緒にドイツ菓子を作る企画について

「非常に良かった」4名、「まあまあ良かった」2名であった。

良かった理由：「普段、障害者とコミュニケーションを取ることができないので、良い機会を与えてくれていると思う」「ドイツ菓子を作るのが始めてだったので、良い経験であった」ことが記述されていた。

③お菓子の販売（ドイツ菓子を障害者が大学の学園祭で販売することについて）

「非常に良いことだと思う」4名、「まあまあ良いことだと思う」2名、であった。

④自由記述

・もっと障害者や福祉施設の職員と一緒に料理などを作り、色々な話しを聞いてみたい。

4　考察

まず、2回の講習会の内容について、共通点と相違点に分けて考察をする。

1）共通点

2回の調査結果から、参加者のほとんどが講習会に満足していたことが分かる。それは、参加者の大部分が講習会に対して「満足した」「良かった」と回答していたことから理解できよう。その主な理由として、共通の一つの目標である「シュトーレン」作りを楽しくできたことがあげられよう。障害者は「学生と交流できた」「楽しかった」を理由にあげ、障害者の保護者・職員は「福祉を学ぶ学生と障害者がお互いに交流できる場が大切だと思った」、学生は「普段の勉強とは違うことを学び新鮮だった」と述べていた。つまり、参加者は大学と言う場で、それぞれの立場を超えて共通目標である「シュトーレン」作りに充実感や満足感を持ったと言えよう。それでは、参加者はどのような要因によって、「シュトーレン」作りに満足したのであろう。それは、参加者が3-4名の少人数のグループで、それぞれがお互いに声かけをしながら、工夫をして菓子づくりをするなかで、ドイツ菓子マイスターT氏、障害者事業所経営者N氏、教員O氏からの指導を受けたことがあげられよう。つまり、参加者に対して「シュトー

レン」作りのために様々な刺激が与えられ、お菓子の講習会が快適な場面になったと考えられる。そして、講習会の最後に、自分達が作った美味しい「シュトーレン」が彼らにご褒美として与えられたのである。ある一つの望ましい行動に周囲から声かけなどの注目・関心、お菓子などの報酬が与えられるとその望ましい行動は繰り返され、形成されると言われている（三原 2006）。

2）相違点

　第1回の講習会では、ドイツ菓子のマイスターT氏から指導を受けたことや目新しいドイツ菓子を作るという好奇心が参加者の大きな喜びになっていた。これは、第1-2回目の参加者の講習会に対する満足度では、第1回目の参加者の方が第2回目の参加者よりも「非常に満足した」と回答したものが多かったことからも理解できよう。だが、第2回目の講習会では、参加者の講習会に対する満足の理由はドイツ菓子を作ることそのものにあったと思われる。例えば、それは、保護者・職員の講習会に満足した理由として「前回は参加だけであまり興味がわかなかったが、二度目で経過が少しわかりかけたかなと思います」ことがあげられている点から理解できよう。そして更に、この講習会が障害者の余暇活動や学生と障害者との交流活動だけに終わるのではなく、障害者の就労支援や工賃向上につなげようとする意欲が参加者に見られたことは、「障害者も継続してこのような講習会に参加し生きがいを見つけ、他の作業所全体での取組が為されれば、障害者全体の工賃向上に寄与できるのではないかと思う」と言った保護者・施設職員の自由記述からも理解できよう。すなわち、1回目の講習会では、参加者は単にお菓子作りを楽しむという感覚であった。しかし、2回目の講習会では、参加者はこのドイツ菓子の販売を通して、知的障害者の工賃を上げるなどの知的障害者の就労に関する意識を持ち始めたのである。

3）講習会の効果

　①障害者事業所（パン製造・販売店）と大学の共同製品開発

調査結果のなかで、ほとんどの参加者がドイツ菓子を大学で販売することに賛成し、障害者保護者・教員も自由記述のなかで、このような講習会が障害者の工賃向上になると考えた。そして、各講習会終了後、障害者事業所（パン製造・販売店）N 氏と大学教員 O 氏が、「シュトーレン」の調理に更に深く興味を持ち、各講習会終了後、2 人は「アーモンド」「レーズン」などの調理や味付けに関して意見を交換した。また、O 氏は N 氏の店を訪問し、ここで就職した発達障害者の B 氏と一緒に「シュトーレン」を作り、味について意見の交換を積極的に行った。このような取組の後、2013 年 7 月、両者は「シュトーレン」を N 氏の事業所と大学の共同開発製品として大学に申請をし、大学から共同開発製品として販売する許可を得た。そして、同年 11 月からドイツ菓子「シュトーレン」が N 氏の事業所で大学との共同開発製品として、大学のある街の名前にちなんで「三原シュトーレン」として販売されようになった。この取組が学内で全教員に紹介され、また新聞やテレビなどのマスコミに取り上げられた反響もあり、学内外の学生、教職員、地域住民が「三原シュトーレン」を購入し、障害者全従業員の工賃が前年度に比較して、年間、約 1 万円向上したとの報告を N 氏から受けた。そして、工賃の向上に加えて、従業員の労働意識が高まり、障害者という立場ではなく、"プロ" 意識が持てるようになったことも報告された。

②障害者の雇用

　最初の講習会に参加をした発達障害者 B 氏は、当初、一般菓子店に就職する希望を持っていたが、反響言語の言語コミュニケーションにより、対人関係に問題を抱えていため、一般菓子店に就職することができなかった。しかし、B 氏は、講習会を通して面識を持った N 氏の事業所に 2013 年 4 月から就職することになった。現在、B 氏は N 氏と共に「シュトーレン」の生産に取り組んでいる。これらの経緯から、B 氏が大学における講習会をきっかけに「シュトーレン」の製造技術を習得し、N 氏の店に就職できたことを考えると、大学が発達障害者の雇用に貢献し、本取組が大学における地域の障害者に対するノーマライゼーションやインクルージョンの取組に寄与したのではないかと思われる。

③学生に対する社会福祉教育

　講習会は、学生にとっても、障害者の状況を理解する機会となった。当初、参加した学生は、ドイツ菓子を作ることのみを楽しみにしていたが、精神障害者との交流から、将来、精神科病院で働くことに興味を持ったと語っていた。身内にダウン症児のいる学生は、この講習会に参加し、ダウン症児の将来の就労について考えるようになったと述べていた。講習会に参加した2名の学生は、これ以後の講習会において、精神障害者へのお菓子作りを丁寧に指導する場面が見られ、精神障害者に対する対人援助技術を向上させたのではないかと思われる。直接的、障害者との交流を持つことが、障害者への理解やイメージを変えることが様々な研究者によって報告されている（松村・横川 2002、田中・須河内 2004）。

5　結論

　本取組の大きな特徴は、一般事業所での就職が困難であった発達障害者の雇用に貢献し、しかも卓越したお菓子技術を持つこの発達障害者が新しい製品開発を行い、知的障害者従業員の工賃向上と労働意識の高揚に貢献したことであろう。工賃向上や労働意識の高揚を持続するためには、更に大学が地域の障害者事業所と連携し、新たな商品開発が今後期待されよう。また、事業所は新しいお菓子の共同製品開発のみならず、商品を販売する店内装飾に関して、本学の作業療法士関係者からの支援を期待していた。今後、これらに対する支援も必要とされるであろう。

　調査に関しては、対象者別の質問紙の工夫により、学生に対してはもっと研修の機会としての意義を問う内容があっても良いと考えられ、これに関しては今後の調査課題であると思われる。

第4節　大学でのビーチボールバレー・食事交流会による地域の障害者家族への余暇支援

1　はじめに

　県立広島大学では、人間福祉学科の学生が障害者の父親の会と連携し、市内の障害者及びその家族の余暇支援として、2007年から毎年5月学内でビーチボールバレー・食事交流会のボランティア活動を実践している。ここでは、この大学の場を利用した学生による地域の障害者及びその家族への余暇支援の実践を紹介する。

　過去、学生による様々なボランティア活動は報告されており、それらは障害児の放課後・休日の支援[注10]、阪神淡路大震災の被災者に対する日常生活支援（竹内 1995；荒川・野口 1996）、知的障害者の余暇支援（潮干狩、バーベキューなどの野外活動）（服部・東 1999）、大学内の身体障害者の学生の車椅子移動などの支援（鈴木 1999）、外国籍児童・生徒の日本語の教科学習の補助を目的とした支援（安藤 2007）などである。一方、大学の社会福祉教育や福祉実習の事前教育のために、学生のボランティア活動の動機づけや希望するボランティア活動の種類などの意識調査が行われてきた（浜野ほか 2000；石本　2004；松永 2006；松岡・本郷 2009）。これらの学生のボランティア活動の実践に目を向けると、彼らの活動が地域の人々の生活支援に貢献し、同時にボランティア活動によって学生自身の視野の拡大や人間的成長が報告されており（荒川・野口 1996）、学生のボランティア活動は意味深いと言えよう。特に学生達のボランティア活動が地域の人々の生活支援に貢献していることは、言い換えれば、地域住民の福祉に貢献していると考えられる。近年、大学が地域に関心を向けるようになり、地域福祉に貢献できる大学（高橋　1997）、地域住民の生涯学習の場としての大学（吉本 1997）、地域の「知」の拠点としての大学（大宮 2007）、地域における大学の独自性の教育・活動実践（樋下田 2008）などが期待されており、本交流会も地域における障害者家族の福祉への貢献という視点で行われた。

以上のような経緯のなかで、ここで報告する学生による障害者及びその家族の余暇支援の実践も地域における障害者家族の福祉への貢献という視点が含まれている。

　本交流会では、全体的に学生独自によるプログラムで進められた。そして、障害者とその家族に交流会への参加に満足してもらうために、学生に障害者やその家族がビーチボールバレーの中でサーブやトスをした場合、障害者の行動を誉めるように指導が行われた。

2　方法

　まず、本研究の目的は、学生による障害者およびその家族の余暇支援の実践例を紹介することである。この目的のために具体的方法としては、大学の場における学生によるビーチボールバレー・食事交流会の実践活動が取り上げられた。そして、交流会に対する学生、障害者およびその家族の満足感などの意識の検証が最終的な目標とされた。

1) 活動の経緯

　三原市には、障害者の父親の会（会員約50名）が存在する。この会は、母親だけが障害児のケアの責任を負うのではなく、父親も母親と共にケアに参加し、障害者福祉活動に関わって行くべきであるという目的で2000年に設立された。この会から、2007年4月、障害者家族の週末の余暇支援を目的としてビーチボールバレーを開催したいので、学生にボランティアとして参加して欲しいとの申し出があった。そこで、筆者は、大学の講義のなかで学生にボランティア活動を呼びかけた。その結果、10名の学生と20名の障害者家族や施設職員が交流会に参加した。2009年の第3回目は、約60名の学生の参加と、障害者家族や施設職員の約40名が参加をした。学生の参加数が増えた背景には、この交流会を通して障害者家族と触れ合うことができることと、大学に入学して間もない1年生が新鮮な気持ちでボランティア活動に従事したいと考えたことによると思われる。なお、ビーチボールバレー交流は大学の体育館、食事交流は調理実習室で行

われた。

　財源に関しては、最初の2007年は、参加者から食材に対して金額を徴収した。2008年と2009年は、県立広島大学の教育プログラムが文部科学省から特色ある大学教育の現代GP（Good Practice）の認定を受け、大学が本交流活動を地域福祉に貢献できる現代GP活動の一環として評価したため、調理の食材費やビーチボールバレーの道具の資金の支援を大学から得ることができた。

　参加する障害者は、三原市内の三つの障害者施設の利用者、特別支援学校に通う発達障害者であった。障害者の年齢は15歳から60歳であり、大部分の障害者は自立しており、他者との言語的コミュニケーションを行うことができたが、他者とのコミュニケーションが困難な自閉症者も3名参加した。また、車椅子移動と排泄全面介助の3名の身体障害者が参加した。これらの自閉症のある知的障害者と身体障害者には、学生がマンツーマンの支援を行った。

2）ビーチボールバレー交流

　体育館で四つのグループに分かれて、障害者、保護者、施設職員、学生がそれぞれ一緒に混じってプレイをした。ここでは、筆者、保護者、学生との話し合いにより、ルールよりも参加者が楽しく感じるようなプレイを目的とすることが決められていた。さらに、筆者は、学生に対し障害者に「サーブを一緒にしましょう」「上手にサーブができましたね」などの声かけと誉めることを指導した。その結果、学生から「サーブが上手にできましたね」と声をかけられると、障害者はうれしそうな表情を示した。また、車椅子の身体障害者には、学生が車椅子を後ろから押しながら、身体障害者にボールを打ってもらった。自閉症者の場合、学生が自閉症者の横に立ち、彼の手を取って一緒にボールをサーブするようにした。

　得点は21点を基準として行われ、1グループは約10名、障害者、保護者、施設職員と学生を含めて編成された。試合はトーナメント方式で優勝チームを決めた。各試合の審判は、全て学生が行った。

3) 食事交流会

　2007年の第1回目、ビーチボールバレーが行われている間、7名の学生が調理実習室で焼きそばを調理した。そして、ビーチボールバレー終了後、参加者全員で一緒に焼きそばを食べた。会終了後、障害者も一緒に調理すれば、喜んでくれるであろうし、かつ、それは障害者の社会的自立の訓練にもなるのではないかと言う意見が学生から出された。2008年以降、ビーチボールバレーが行われている間、調理を希望する学生と障害者が一緒に調理をすることにした。

　2009年は、障害者、保護者・施設職員、学生を含めて、参加者が100名程となった。そこで、多勢の参加者がすぐに食べることができるためにはカレーがいいのではという提案が保護者から出され、カレーを調理することにした。ただ、交流会の当日、一度に100名分のカレーを調理するのは時間的にも困難なので、交流会前日、学生と保護者が一緒に70名分のカレーを調理した。これには、事前の準備に加えて、学生と保護者が一緒に料理することで互いに面識を持ち、学生が保護者から障害児の子育てなどの体験を知ることも目的に含まれていた。

　当日、20名の学生と10名の身体障害者や知的障害者が30名分のカレーの調理を一緒に行った。ここでも、筆者は学生に車椅子の身体障害者が玉ねぎを切ったとき「○○さんは上手に玉ねぎを切りましたね。次は○○を頑張って切りましょう。」などの言葉かけと誉めることを指導した。そして、ビーチボールバレー交流会終了後、食堂で参加者が一緒にカレーを食べた。食事終了後、学生が「○○施設の皆さん、ビーチボールを楽しんで参加していましたね」と各障害者団体に学生手作りの賞状を与え、皆で喜びあった。そして、会のおわりには、来年も「元気で会いましょう」を合言葉にみんな手をつないで「世界に一つだけの花」を歌った。これらの進行は全て、学生が中心に行われた。

3　調査結果

　交流会終了後、交流会に対する質問紙調査を障害者の保護者・施設職員、学生に実施した。保護者・施設職員に対する質問紙調査では、保護者・施

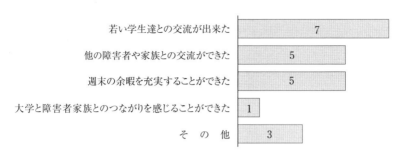

図 6-3　満足した理由（保護者・施設職員・複数回答）

設職員の負担にならないように簡潔な質問項目とした。質問紙による調査項目は、(1) 交流会に対する満足、(2) 今後の活動への参加、(3) 交流会に対する自由記述、であった。

以下、2009 年度の参加者の交流会に対する質問紙調査結果である。

1) 保護者・施設職員に対する調査結果

保護者 2 名（11.8%）、職員 2 名（11.8%）、無記入者 13 名（76.4%）から回答を得た。

(1) 交流会に対する満足

①交流会について満足したか

「非常に満足」8 名（50.0%）、「まあまあ満足」8 名（50.0%）と回答し、全員が交流会に対して満足していた。

②満足した理由（複数回答）（図 6-3 参照）

「若い学生達との交流ができた」7 名（33.3%）、「他の障害者や家族との交流ができた」5 名（23.8%）、「週末の余暇を充実することができた」5 名（23.8%）、「大学と障害者家族とのつながりを感じることができた」1 名（4.8%）と回答され、5 割が学生などの他の人々との交流に満足していた。

(2) 今後の活動への参加

①今後、このような活動があれば、参加してみたいか

「是非参加してみたい」15 名（93.7%）、「まあまあ参加してみたい」1

表6-9 参加者の自由記述

〈保護者の声〉
・学生が多数参加していたので、とてもうれしかったです。元気がでます。

〈施設職員の声〉
・男性の障害者は若い学生と交流ができ、いつもと違う顔をみせ、とても喜んでいました。

〈学生の声〉
・学校での授業だけでは分からない障害者の方の雰囲気、状態がわかりました。
・この活動を通して、地域とのつながりの大切さを感じました。
・障害者の方だけでなく、その家族の方とも一緒にビーチボールバレーができて、非常に楽しい思い出ができました。
・スポーツやご飯を皆で食べるときは本当に楽しくて、笑顔がいっぱいでよかったと思います。
・参加したすべての人が笑顔で楽しんでいる感じがよかったです。次回も是非、参加したいです。
・カレーの調理で、障害者の方が野菜を切るのに切りやすい方向に野菜を向けてあげるときちんと切ることができました。少しの手伝いだけでも、一緒に作業を行える喜びを味わえてよかったです。
・障害者と一言で言っても、その人その人で個性の人格があることを知りました。

表6-10 障害者当事者の行動様子

・去年参加した障害者が、施設職員に「今度、大学のビーチボールバレーと食事会を楽しみにしている。若い学生さんとも会える」と語っていた。
・普段、人見知りをする自閉症の男性（30歳）が、ビーチボールバレーのなかで、女子学生とうれしそうに握手をしていた。また、マイクでラジオ体操の指示をしたあと、なかなかマイクを離さず、うれしそうにさらに指示を続けた。
・重度強度行動障害の女性（31歳）が体育館で大声で叫びながら、ビーチボールバレーを追いかける行動がみられ、担当の職員が作業所ではみられない生き生きした行動であると報告していた。
・不登校状況にある発達障害の中学生が体操服を着てうれしそうにボールを追いかけている行動に驚いたと社会福祉協議会の職員が報告していた。
・障害者の父親の会会長が「来年もみなさん、この交流会に参加したいですか？」の問に、参加者全員が大きな声で「はい」と回答し、学生と握手をして別れる行動がみられた。
・ある施設職員は、「○○さんの学生と一緒にビーチボールバレーをする表情は生き生きしており、あんなに喜ぶ姿を施設ではあまりみたことがない」と語っていた。

名 (6.3%) で、全員が参加したいと回答していた。

②今回の活動があなたや障害者の生活に役に立つと思うか

「非常に役に立つ」8名 (50.0%)、「まあまあ役に立つ」7名 (43.7%)、9割が役に立つと思うと回答していた。

(3) **自由記述**（表 6-9 参照）

表 6-9 から、大学の場で学生と障害者の交流を喜ぶ声が見られ、今後もこの活動の継続が期待された。

2) 障害者当事者に対する調査結果

障害者に対して交流会の質問紙調査を行うことができなかったが、保護者・施設職員から、交流会での障害者の様子についての情報を得た（表 6-10 参照）。表 6-10 の内容から、障害者当事者も交流会に満足していたことが分かる。

3) 学生に対する調査結果

学生の交流会についての自由記述に対しては、KHCOder2.X のソフトを用いて、自由記述の解析を行い、自由記述の傾向を調べた。つまり、このソフトを用いて、自由記述における単語の内容と頻度数を解析し、自由記述を通して学生の交流会に対する気持ちを把握することが目的とされた。

質問紙に記入した学生数は、55名であった。性別は、女性 51 名 (92.7%)、男性 4 名 (7.3%) であった。学生の学年は 1 年生 32 名 (58.2%)、2 年生 15 名 (27.2%)、3 年生 8 名 (14.6%) であり、1 年生の参加者数が最も多かった。ボランティア部の所属は所属している 17 名 (32.1%)、所属していない 36 名 (67.9%) であった。活動への参加のきっかけは、教員の紹介によるもの 50 名 (90.9%)、知人・友人の紹介 2 名 (3.6%) であった。

(1) **交流会に対する満足**

①交流会について満足したか

「非常に満足」37 名 (67.2%)、「やや満足」13 名 (23.6%) で、9割が交流会に対して満足していた。

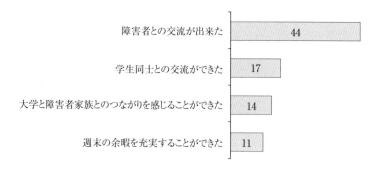

図 6-4 満足した理由（学生：複数回答）

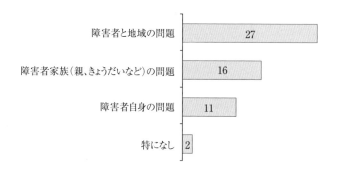

図 6-5 障害者のどのような問題に関心を持ったのか

②満足した理由（複数回答）（図 6-4 参照）

「障害者や家族との交流ができた」44 名（51.1％）、「学生同士との交流ができた」17 名（19.8％）、「大学と障害者家族とのつながりを感じることができた」14 名（16.3％）、「週末の余暇を充実することができた」11 名（12.8％）であった。

③障害者のどのような問題に関心を持ったのか（図 6-5 参照）

「障害者と地域の問題」27 名（48.2％％）、「障害者家族（親、きょうだいなど）の問題」16 名（28.6％）、「障害者自身の問題」11 名（19.6％）、であった。

(2) 今後の活動への参加

①今後、このような活動があれば、参加してみたいか

「是非参加してみたい」30名（54.6％）、「できれば参加してみたい」25名（45.4％）となり、全員が参加したいと回答していた。
②この活動があなたの将来の仕事に役に立つと思うか
「とてもそう思う」31名（56.4％）、「まあまあ思う」24名（43.6％）、全員が役に立つと思うと回答していた。
(3) **自由記述**（表6-9参照）
　自由記述から、学生が交流会の内容に満足していることが理解できる。自由記述には、質問紙調査に協力した55名のうち47名が記述していた。そして、KHCOder2.Xによる自由記述の解析を行った結果、単語の出現頻度数は「楽しい」（28回）、「障害」（25回）、「交流」（15回）、「参加」（13回）と主に肯定的な表現が示され、学生が障害者との交流を楽しんでいることが示された。

4　考察

　質問紙調査結果と障害者の様子から、参加者が交流会に満足していたことが分かる。保護者・施設職員の満足した理由が、「若い学生達と交流ができた」「他の障害者や家族との交流ができた」と回答し、他者との交流に満足をしていた。特に障害者家族にとって、他の障害者家族との交流を通して、母親のストレスが軽減されることが指摘されている（新美・植村1985）。その意味で、この交流会が障害者家族の余暇活動の一部やストレスの軽減に貢献できたのではないかと思われる。一方、多くの学生も交流会に満足した理由として「障害者や家族との交流ができた」「学生同士との交流ができた」と回答し、障害者や学生との交流に満足していた。そして、保護者・施設職員の自由記述のなかで、ある保護者が「障害者、その家族、学生などが垣根を越えて一緒に語り合いたいと思いました」と述べているように、大学の場におけるこの交流会が学生、障害者家族、施設職員に連帯意識持たせるのにわずかでも貢献したのではないかと思われる。
　それでは、参加者が交流会に満足した要因について触れる。
　障害者や保護者・施設職員は交流会に参加し、学生と一緒にビーチボールをサーブしたり、玉ねぎなどの野菜を切ったりすることで、学生から優

しく声をかけられる、自分達が料理したものを皆と一緒に食べるなごやかな時間をもてたことに喜びを感じていたと思われる。また、障害者は自分達が希望すれば、休憩時間に学生とサーブやトスの練習をするこができるなどの自己決定が尊重される。すなわち、交流会全体が障害者、保護者にとって、快適な場面になっていたのである。これは、保護者、施設職員の質問紙調査のなかで、9割が、将来もこのような活動に参加したいと回答していたことや障害者当事者の様子からも理解できよう。障害者や保護者にとって、週末の余暇の過ごし方は、大きな課題になっている。というのは、多くの障害者は週末、外出が少なく、施設や在宅でテレビを見たり、音楽を聞いて過ごす時間が多くなり、外部から受ける刺激が少ないからである。ある障害者施設職員は、「ノーマライゼーションの実践のなかで障害者の生活環境（個室の提供など）や労働環境の整備が進められてきたが、彼らへの余暇活動の取組が遅れている」と述べていた。また、交流会に参加した施設職員は「○○さんは、大学で開催されるビーチボールバレー・食事交流会を楽しみに待っており、交流会の事を施設の仲間といつも話をしていた」と語っていた。その意味で、本交流会が障害者やその保護者の週末の余暇を充実させるものであったと言えよう。一方、大学の立場からは、この交流会を通して、大学が、地域住民や、障害者家族にとって身近な存在となり、かつ学生に対しては、地域の障害者家族の問題を考えるきっかけになったことを示していると言えよう。それは、学生が障害者問題に関心を持った内容について、4割強の学生が「障害者と地域の問題」と回答していたことからも理解できる。

　学生がこの交流会に満足していたことは質問紙調査結果からも分かる。また、KHCOder2.Xによる自由記述の解析の結果、学生が「楽しい」という単語を最も多く記述していたことからも、学生が交流会を楽しんでいたことが分かる。学生のボランティア活動の意識調査のなかで、ただ他者のための活動だけでなく、学生自身も活動を楽しむと言ったことがボランティアの継続性にも繋がることも指摘されており（石本 2004）、学生自身も交流会の活動に楽しんでいたことが、全員、今後もこのような交流会に参加したいという回答結果の要因になったと思われる。また、学生は、自

分達で交流会のプログラムの企画をし、進行もできるなどの自己決定が尊重されることが学生に参加への大きな動機づけとなったであろう。そして何よりも障害者や保護者、施設職員が喜んでくれたことが学生にとって大きな喜びになったと考えられる。なお、交流会の学生の満足した理由のなかで、ボランティア部所属・所属していない学生の意識の比較の検定では有意差は見られなかったが、平均値の比較から、ボランティア部に所属していない学生の方（経験していない方）が週末の余暇の充実や大学と障害者家族のつながりを強く感じている。そのことから、ボランティア部に所属していない学生にとっては、交流体験が社会福祉問題に興味を持たせる機会になったのではないかと考えられる。

　自由記述のなかで、ある1年生は「2, 3年生の先輩と接触し、障害者や保護者の方とも触れ合い、人間性を少しずつ磨けました」と記述していた。学生にとって、障害者との交流はもちろん、学生同士の交流も魅力的なものであったと言えよう。交流会参加者の5割強は1年生であった。大学生活にまだ慣れない1年生は、入学してまもない5月に開催される交流会を通して、1年生同士に加えて、2, 3年生の先輩とも交流する機会を持つことになる。山崎（2002）は、充実した大学生活には学生同士の豊かな人間関係と仲間づくりが不可欠な構成要素であると述べており、1年生にとって、学生同士の新たな交流体験はこれからの充実した大学生活を過ごす大きな力となるであろう。2年生にとっては、交流会が夏休みの障害者施設での社会福祉士の実習の事前体験となるのではないかと思われる。3年生は既に実習の体験を終え、ある程度の教科学習も終えているので、交流会が自己の福祉学習をまとめる参考になるのではないか考えられる。3年生のなかには、この交流会を通して障害者家族の問題に興味を持ち、交流会に参加した障害者の保護者と面接をし、4年生時の卒業論文のなかで障害者家族の事例として取り組む学生もいた。

　次に大学が、現代GP活動の一環としてカレーの食材費などの資金を支援してくれたことで、参加者の経済的負担を軽減させ、交流会への参加意欲の要因となったと言えよう。この現代GP活動は2009年で終了したが、本大学では学生が主体となり、地域福祉に貢献する活動に対して経済的支

援するという事業があり、2010年以降、本交流会活動に対して、経済的に支援するという回答を大学から得た。本交流会の活動に対して、大学は設備（体育館、調理室、食堂など）の利用も積極的に認めている。

この交流会は2年間連続して、ニュースとして地元テレビで報道され、地域住民に徐々に認知されてきている。また、2010年からは三原市の福祉行政関係者が、ボランティアとして本交流会に参加したいという声が出ている。将来、障害者当事者、保護者、施設関係者、大学、福祉行政が垣根を越えお互い理解を深めて、地域における障害者の余暇活動、並びに障害者福祉の改善に取り組んで行くことが必要とされよう。その調整的役割を担っているのが大学高等教育機関ではないかと考える。

最後に2015年現在も、この活動は継続されており、参加者数は250名超えた。今まさに、地域に根ざした大学における地域福祉貢献事業となっている。

【注】

1) 大学の食堂の民間業者機関は、障害者雇用促進法により、障害者を雇用しているが、これらの障害者は他の食堂機関で就労している。
2) 2010年7月時点で、県立広島大学では障害者雇用促進法に基づく障害者雇用数は基準に満たしている。しかし、今後、障害者の退職、あるいは雇用算定基準の変更に基づく新たな障害者の雇用の検討が大学に求められている。
3) 調査対象の学科の学生数や学年が異なるのは、調査実施が可能な学科や学年の事情によるものである。
4) ここでは、「非常にそう思う」「そう思う」「まあそう思う」を「思う」とし、「あまり思わない」「思わない」「全くそう思わない」を「思わない」とまとめて、回答結果を示した。
5) 各学科の調査対象者数に差があり、本来は有意差の検証は困難であったが、ここではそのような問題点を踏まえて、検証をし、解釈を加えることにした。
6) 石川県:平成25年度石川県における障害者就労施設等からの物品等調達方針

〈http://www.pref.ishikawa.lg.jp/fukusi/yuusentyoutatsu/index.html〉
〈アクセス日：2014 年 5 月 19 日〉，2012.

7) 東京大学：平成 26 年度における障害者就労施設等からの物品等の調達の推進を図るための方針
〈http://www.u-tokyo.ac.jp/fin03/pdf/shougaishuurousuishin.pdf〉
〈アクセス日：2014 年 5 月 6 日〉，2013.

8) 農林水産政策研究所：指定障害者施設　こころみ学園（社会福祉法人こころみる会）ココ・ファーム・ワイナリーとの有機的な結び付きによるワイン用ぶどうの生産．
〈http://www.maff.go.jp/primaff/kenkyu/Syogaisya/pdf/111101.pdf〉
〈アクセス日：2014 年 12 月 13 日〉，2011.

9) 「障害者の雇用創出だけにとどまらず自立のお手伝いをしたい」
〈http://www.tokyo-jinken.or.jp/jyoho/21/jyohou21_tokushu.2htm〉
〈アクセス日：2014 年 12 月 11 日〉の引用による。

10) この活動については、「なぜ立命館大学では学生のボランティア活動を支援するのか？」http://radiocafe.sakura.ne.jp./ritzvo/center/idea.htm に紹介されている。

【引用文献】

荒川義子・野口啓二（1996）「震災とボランティア―関西学院大学のボランティア活動を通してみた若者像―」『青少年問題研究』45，1-14．

安藤淑子（2007）「大学の地域貢献における学生ボランティア活動の評価と位置付け」『山梨県立大学国際政策学部紀要』2，7-15．

Graffianm J., and Smith K, et al.（2002）Employer benefits and costs of employing a person with disability, *Journal of Vocational Rehabilitation*, 17, 251-263.

浜野隆・北条英勝・岩田弘三ほか（2000）「学生ボランティア活動に関する意識調査」『武蔵野女子大学現代社会学部紀要』1，171-193．

服部伸一・東祐一郎（1999）「精神遅滞者の余暇活動支援に関する研究―大学と

福祉施設の連携による余暇活動プログラムの実践を通して―」『関西福祉大学研究紀要』1, 39-62.

樋下田邦子 (2008)「ボランティア活動の可能性から大学と地域との連携をめざして―2007年度西濃地域ボランティア学習大会報告―」『地域経済』27, 101-123.

稲垣貴彦 (2004)「知的障害者授産施設の実態」『中部学院大学・中部学院大学短期大学部研究紀要』5, 1-10.

今野義孝・霜田浩信 (2006)「知的障害者の就労支援に関する研究 ― S社の「チャレンジド雇用」―」『人間科学研究』28, 69-78.

石本雄真 (2004)「大学生のボランティア活動の意識」『日本青年心理学会大会発表論文集』12, 40-43.

松村孝雄・横川剛毅 (2002)「知的障害者のイメージとその規定要因」『東海大学紀要』77, 104-112.

松永文和 (2006)「学生ボランティア活動の推進課題と広域ネットワークの可能性―学生ボランティア活動実態・意識調査の結果を中心に―」『キリスト教社会福祉学研究』39, 36-42.

松岡佐智・本郷秀和 (2009)「福岡県立大学社会福祉学科学生のボランティア意識に関する調査研究」『福岡県立大学人間社会学部紀要』17, 2, 119-131.

三原博光 (2000)『障害者ときょうだい―日本とドイツの比較調査を通して―』学苑社, 21-53.

三原博光 (2006)『行動変容アプローチによる問題解決事例』学苑社, 42-49.

三原博光 (2011)「大学の食堂における知的障害者の就労体験の取り組み」『職業リハビリテーション』24 (2), 24-30.

望月昭 (2007)「学生ジョブコーチという試み―学生による障害者(生徒)の就労支援システム―」『立命館文学』599, 134-140.

望月葉子 (2010)「発達障害のある大学生の就労支援―職業への円滑な移行と適切な支援の選択のために―」『大学と学生』81, 22-27.

新美明夫・植村勝彦 (1985)「学齢期心身障害児をもつ父母のストレス」『特殊教育学研究』23 (3), 23-33.

大宮登 (2007)「大学と地域の連携」『地方財政』12, 1-8.
小野塚功一 (1998)「農業分野における障害者雇用の現状と問題点 (1)」『農政調査時報』502, 43-52.
小野塚功一 (1998)「農業分野における障害者雇用の現状と問題点 (2)」『農政調査時報』503, 38-47.
大澤史伸 (2009)「農業分野における知的障害者就労支援の取り組み―奈良県「植村牧場」の事例から―」『職業リハビリテーション』No.2, 29-36.
大澤史伸 (2009)「知的障害者の就労問題―その現状と課題―」『名古屋学院大学論集 社会科学編』No.4, 175-191.
佐久間宏・池本喜代正 (1994)「栃木県における知的障害者の就労実態とその課題―アンケート調査結果の分析を通して―」『宇都宮大学教育学部紀要』44, 79-103.
柴崎建 (2005)「障害者の地域生活支援に関する一考察 ―知的障害者の就労をめぐる諸課題―」『東海女子大学紀要』24, 177-184.
清水潤・内海淳・鈴木顕 (2005)「知的障害者の「新たな職域」開拓の背景と動向」『秋田大学教育文化学部教育実践研究紀要』, No.27, 45-54.
鈴木陽子 (1999)「早稲田大学のボランティア活動」『大学と学生』409, 31-33.
鈴木良子・八重田淳・菊池恵美子 (2009)「知的障害者の職場定着のための支援要員」『職業リハビリテーション』No.2, 13-20.
高橋岳志・名古屋恒彦・高橋早苗 (2009)「食品加工業における知的障害者就労支援の最適モデルの構築に関する研究」『岩手大学教育学部附属教育実践総合センター研究紀要』No.8, 143-159.
高橋五江 (1997)「大学と地域福祉―淑徳大学―」『民主教育協会』389号, 32-37.
竹内一夫 (1995)「川崎医療福祉大桃レンジャーの活動」『阪神大震災と市民ボランティア―岡山からの証言と提言―』山陽新聞社, 84-100.
田中淳子・須河内貢 (2004)「知的障害者に対する援助経験による態度変容に関する基礎的研究」『岡山学院大学 岡山短期大学紀要』27, 59-67.
Wehman P. (2003) Workplace inclusion: Person with disabilities and coworkers working together. *Journal of Vocational Rehabilitation*, 18, 131-141.

矢端香奈恵・金澤貴之・霜田浩信・松田直（2012）「聾重複障害者の就労意識の形成に関する実践的研究」人文・社会科学編『群馬大学教育学部紀要』61, 149-159.

山口艶子・吉武久美子（2005）「精神障害者への偏見低減アプローチに関する研究」『長崎純心大学心理教育相談センター』4, 35-42.

山崎美貴子（2002）「学生ボランティア活動への支援」『大学時報』51, 285, 48-51.

吉本圭一（1997）「大学と地域社会のパートナーシップ―大学改革の中で―」『教育社会学研究』60, 175-177.

第7章

障害者福祉の展望

第1節　障害者福祉の実践的取組から見えてくるもの

1　ノーマライゼーションからインクルージョンへ

　障害者福祉施策・実践の動向は、高齢者福祉などの他の社会福祉と同様に時代と共に変遷してきている。障害者家族の支援は当初、子育てに主な役割を果たす母親中心に考えられてきた。しかし、核家族化が進み、母親の支援のみでは困難であり、父親やきょうだいの存在が重視され、彼らへの研究も盛んに行われるようになってきた。この傾向は、第1部の障害者家族の問題から理解できよう。そして、障害者福祉の変化は、同時に障害者施設の支援においても見られる。戦後、一般社会からの差別・偏見に対して障害者保護・隔離のために、多くの障害者施設が人里離れた場所に建設されてきた。当時、障害者施設での支援は集団生活が中心となり、一つの部屋に4人以上の多数の集団で生活をするなど個人の自由は尊重されず、食事なども四季に応じた食事ではなく画一的な食事メニューが提供され、外出も自由に認められなかった。しかし、1950年代以降、ノーマライゼーション原理の出現により、障害者も一般市民と同じような正常な生活を過ごすことを目標に彼らの環境への指示が行われた。その結果、利用者への個室の提供、四季に応じた食事、行事などが重視され、施設の開放、脱施設化が主張され、大規模な施設から小規模な施設へと施設の形態が変化してきた。

184　第2部　障害者の就労支援

　2006年、障害者自立支援法の施行により、障害者は地域のなかで社会的に自立することが求められ、彼らの就労支援が重視されてきた。その変化は、障害者雇用促進法の変化にも見られる。障害者雇用促進法では、従来、知的障害者・身体障害者が対象であったが、2006年から精神障害者も新たに対象となってきた。また、一般事業所において障害者雇用を義務づける障害者雇用率が2013年4月からは1.8%から2.0%（常用従業員数50人以上）に引き上げられてきた。このような障害者福祉の動向の変化において、21世紀は、ノーマライゼーションからインクルージョンの時代と言われている。

2　障害者のインクルージョンとは

　2006年、人間の尊厳と権利から、国際連合において障害者権利条約が結ばれ、国際連合の条文のなかで、インクルージョンが人間の権利として規定され、インクルージョンが障害者福祉・教育のなかで重視されるようになってきた。インクルージョンについては、以下の点が主張されている[注1]。

① 全ての個人の多様性を認める（能力、性別、国籍、言語、階層、性、身体的特性）
② 個人の多様性に積極的に目を向ける
③ 社会の一員として認める
④ 教育政策や教育実践を出発点と目標にする

　また、インクルージョンは、ソーシャルインクルージョンと呼ばれ、次のように紹介されている。「全ての人々を孤立、排除や摩擦から援護し、健康で文化的な生活の実現につなげるよう、社会の構成員として包み支え合う」という理念である。そして更に、EUやその加盟国では、近年の社会福祉の再編にあって、社会的排除（失業、技術および所得の低さ、粗末な住宅、犯罪率の高さ、健康状態の悪さおよび家庭崩壊など）に対処する戦略として、ソーシャルインクルージョンが中心的政策課題のひとつとされている[注2]。インクルージョンでは、ノーマライゼーション原理よりも更に一歩進んで、障害者個人の個性が尊重され、それに対応した具体的な支援

が要求されている。学校教育に言えば、特別支援学校は存在せず、障害児と健常児が同じ普通学校で一緒に学ぶ環境が提供される。そして、その形態は、義務教育機関のみならず職業専門学校、大学教育機関においても同様である。このような内容から言えば、第6章第3節で紹介された大学におけるドイツ菓子講習会を通して、発達障害者が地域の障害者事業所のパン販売店に就職し、ドイツ菓子「三原シュトーレン」製作に中心的な役割を果たしている活動は、大学における障害者就労支援のインクルージョンの実践と考えても良いであろう。つまり、この発達障害者が大学におけるドイツ菓子講習会を通して、地域の障害者事業所に就職し、彼の優れた菓子技術が職場で発揮され、そこで働く利用者の工賃向上に貢献しているのである。そして更に、第6章第4節の大学における地域の障害者への余暇支援活動として、ビーチボールバレー・食事交流会のなかで、インクルージョンの実践活動が見られた。例えば、2014年、このプログラムに参加した障害者や学生達のなかに食事交流会で調理されるカレーライスに対してアレルギーを持っているものがおり、カレーを食べることができなかった。そこで、これらの参加者に対してはハヤシライスやおにぎりが個別的に提供された。2015年には、インドネシアからの留学生が参加したが、宗教上の理由からカレーライスを食べることができなかった。そこで、この留学生には、個別的におにぎりと味噌汁が提供された。そして更に、参加者には、ビーチボールバレーとカレーライスの調理への参加を自由に選択してもらい、ビーチボールバレーのルールも車椅子利用の障害者や重度の障害者が参加できるようにルールを変更した。サーブの回数は決めず、参加した重度障害者は学生達の支援を受けながら、成功するまで認められた。障害者の障害の程度やニーズを尊重したインクルージョンの取組は、当事者の所属感、達成感を満たすものであり、かつ周囲の障害者を支援する家族、学生達、障害者福祉関係者にとっても大きな喜びとなっている。

第2節 障害者のインクルージョンを目指した大学の障害者支援活動の利点

　筆者は大学という高等教育機関に身を置きながら、障害者家族や障害者当事者自身に対して、どのような支援活動ができるのかという視点で障害者福祉の問題に取り組んできた。つまり、大学における地域の障害者とその家族へのノーマライゼーション原理の実践、さらに一歩進んでインクルージョンの実践を考えてきた。筆者が、大学における障害者のインクルージョンを実践する利点について以下の様に考えた。

1　障害者を理解し、支援するマンパワー（教職員・学生）の存在

　筆者の所属する県立広島大学保健福祉学部では、保健医療福祉の専門家を目指す学生達（社会福祉士、理学療法士、作業療法士、言語聴覚士、看護師）約850名、教職員約100名、合計約950名が存在する。保健福祉学部の入り口には診療所が存在し、地域の高齢者、身体障害児（者）、知的障害児（者）などがリハビリテーションや心理療法を受けるため訪れたり、学内の学生達の教育実習の機関にもなっている。学生達の日常生活場面において保健医療福祉サービスの支援を求める人々が存在し、学生達はこれらの人々と出会う状況にある。言い換えれば、これらの教職員・学生集団は、地域の障害者やその家族を理解し、支援する巨大なマンパワーと言えるであろう。ビーチボールバレー・食事交流会、大学の食堂における就労体験活動、ドイツ菓子「三原シュトーレン」の共同製品開発・販売などへの取組の成功は、大学による支援が大きかったと言えよう。大学がビーチボールバレー・食事交流会を地域貢献に関わる福祉事業として評価したため、これらの活動に関わる経費を全額支援してくれていることは、参加者にとって大きな助けとなっている。地域の知的障害者は、毎年、5月に大学で開催されるビーチボールバレー・食事交流会を楽しみにしており、4月になると地域の障害者事業所や障害者家族から開催日時の問い合わせが大学に来る。このようなことからも、この取組が地域に根づいた福祉実践活動であることが理解できよう。地域の障害者事業所で社会福祉士の実習

を行った学生は、利用者が「毎年、5月になると大学のお姉さんやお兄さんと一緒にビーチボールバレーをし、カレーを食べることができるのを楽しみにしている」と語っていることを報告していた。

2　障害者福祉に関する専門的知識・技術の利用

　大学の図書館などには、国内外の知的障害者福祉に関する雑誌や書籍などが多数存在する。言い換えれば、大学の図書館は、社会福祉に関する知識の地域資源の宝庫である。親亡き後の知的障害者の支援に関して、国内外の文献から支援状況や方法を知り、活用すれば、障害者やその家族に対して、幅の広い視点から支援ができると考えられる。例えば、日本とドイツの知的障害者のきょうだいの特徴を比較した場合、親亡き後の知的障害者の世話について、日本のきょうだいは、知的障害のきょうだいの支援に対して、自分の生活を制限して関わろうとするのに対して、ドイツのきょうだいは、知的障害者ときょうだいの人生は別であると考え、知的障害者が入所施設で生活をしても、それも知的障害者の人生であると考えていることが文献を通して知ることができる（三原 2012；ザイフェルト 1994）。また、障害者の就労支援の領域では、知的障害者を雇用し、彼らの長所を生かし、文具のチョーク製品作業に従事させ、製品を販売し、知的障害者の工賃を向上した活動内容の書物にも出会うことができる（大山 2009）。大学の図書館における障害者福祉に関する国内外の様々な文献を通して、世界の社会福祉の動向を知ることが可能となる。

3　学生と教職員に対する社会福祉教育

　学生達や教職員自身にとっても、障害者達の就労体験、ビーチボールバレー・食事交流会の交流は喜びであり、障害者福祉問題を学ぶ機会となっている。通常、学生が障害者の家族や就労支援を考えるのは、障害者施設で実習したときである。しかしながら、学生や教職員は、大学でのインクルージョンの実践的取組によって、彼らの日常生活の大学の場で障害者の家族問題、就労の機会の状況を認識するようになる。直接、障害者との交流を持つことが、障害者への理解やイメージを変えることは様々な研究者

によって報告されている（松村・横川 2002；田中・須河 2004）。ドイツ菓子講習会にボランティアとして参加した学生は、精神障害者との交流から、将来、精神病院で働くことに興味を持った。また、身内にダウン症児のいる学生は、ドイツ菓子講習会に参加し、ダウン症児の将来の就労について考えるようになった。学生の中には、障害者福祉問題を卒論のテーマとして取り上げるものもおり、知的障害者から喜びや生きがいを得ている。したがって、大学における地域の知的障害者の支援は、学生の社会福祉教育にとっても重要なのである。

4　知的障害者家族団体などとの連携及び支援

　大学における地域の知的障害者やその家族への支援活動は、さまざまな人々の支援から成り立っている。それらは、大学当局、教職員、学生、地域の障害者福祉関係者などである。その中でも大きな役割を果たしているのは障害者家族の当事者団体である。県立広島大学の場合、三原市「障害者父親の会」（会員約50名）や知的障害者育成会関係者が知的障害者就労体験やビーチボールバレー・食事交流会に協力しており、これらの当事者団体からの協力は実践活動には欠かせない。当事者団体と大学の連携が、地域の障害者やその家族を支援する実践活動の成功に大きな役割を果たすと考えられる。そして、このことは同時に大学の知的障害者家族団体への支援と言う面もあると言えよう。

【注】
1) メアテス. A. S.「ドイツにおける発達障害児のインクルージョン」『日本社会福祉学会中国・四国地域ブロック第46回広島大会　2014年7月』より引用。
2) 「ソーシャルインクルージョン」『DINF 障害保健福祉研究情報システム』(http:www.dinf.ne.jp/doc/Japanese/glossary/Social_Inclusion.html) による〈2015年4月14日〉。

【引用文献】

松村孝雄・横川剛毅（2002）「知的障害者のイメージとその規定要因」『東海大学紀要』77，101-109.

三原博光（2012）「日本のきょうだいの支援を考える―ドイツ・日本のきょうだいの個別事例の国際比較を通して―」『障害者問題研究』40，35-42.

大山泰弘（2009）『働く幸せ―仕事でいちばん大切なこと―』WAVE出版.

ザイフェルト．M著・三原博光訳（1994）『ドイツの障害児家族と福祉―精神遅滞児と兄弟姉妹の人間関係―』相川書房.

田中淳子・須河内貢（2004）「知的障害者に対する援助経験による態度変容に関する基礎的研究」『岡山学院大学・岡山短期大学紀要』27，59-67.

おわりに

　筆者は、中学3年生の時、身体障害の友人に誘われ、キリスト教の教会学校の礼拝に参加した。そのとき教会学校の教師をしていた知的障害者施設職員と面識を持ち、知的障害者施設を訪問し、初めて知的障害者と交流を行った。それは、1970年代のことであり、今のように知的障害者福祉に理解のある時代ではなかった。その知的障害者施設は人里離れた地域から孤立した場所にあり、筆者にとって初めての知的障害者との出会いは強烈な体験であった。このような体験に加えて、筆者の通う中学校には特殊学級（現在の特別支援学級）があり、身体障害児、知的障害児、貧困家庭児童などの様々な問題を抱える児童が通っていたが、これらの児童達と楽しい交流体験を持つことができた。大学では、知的障害者問題へのボランティア活動、ドイツの障害者福祉施設での研修体験、大学院での障害者福祉研究、ドイツの大学留学など、常に知的障害者と関わる問題に取り組んで来た。このような体験を通して、本書で障害者やその家族の問題を父親、母親、きょうだいの立場から取り上げ、障害者の就労支援、地域の障害者の余暇支援活動を紹介するにいたった。特に大学における障害者就労支援と地域障害者の余暇支援活動については、筆者のドイツの大学との交流体験が大きい。

　筆者の所属する県立広島大学は、ドイツ・ノルトライン・ヴェストファーレン州カトリック大学と国際学術交流協定を結んでいる。筆者がカトリック大学を訪問したとき、大学の喫茶店で精神障害者が学生や教員にコーヒーやパンを持って来て、お金の計算などをする就労体験している姿を見た。この就労体験は、精神障害者の社会的自立と同時に学生達の精神障害者への理解を深める目的にあった。筆者は、このようなドイツの大学での取組が県立広島大学も実践できるのではないかと考え、大学の食堂における知的障害者の就労体験の取組を行い、第6章第1節で事例報告を行った。そして、更に大学という高等教育機関を利用した障害者支援活動については、カトリック大学との交流経験に加えて、ドイツの大学事情からの影響

も受けた。ドイツのハイデルベルグ市にあるハイデルベルグ大学は15世紀に神学から出発したドイツ最古の大学である。この大学に通う学生・教職員は約3万人であり、ハイデルベルグ市の人口が約14万人である。この街の産業は有名な観光産業に加えて、大学の学生・教職員の存在から成り立っていると言っても過言ではない。つまり、街の経済・産業の利益は大学の学生・教職員のマンパワーの消費に依存している。そこで、ハイデルベルグ大学のように県立広島大学の学生・教職員のマンパワーが、地域の障害者事業所の製品購入に大きな力となり、障害者の工賃向上に貢献できるのではないかと考えた。このような事情から、第6章の第3節のドイツ菓子「三原シュトーレン」の実践報告が大学と地域の障害者事業所の共同開発製品とし、利益を障害者利用者の工賃に還元しようと考えた実践報告である。

　以上の様な筆者の個人的体験から出発した本書が、わが国の知的障害者福祉の発展と次なる若い世代の研究者の障害者福祉研究に役立てればと願う次第である。

索 引

あ
アルツハイマー病　96
アンビバレント　90

い
育児ノイローゼ　11
インクルージョン　4, 156, 165, 183, 184, 185, 186, 187

お
親子心中　95

か
介護疲労　95
学習障害　117
学童保育　61

き
危機的状況　14

く
グループワーク　44, 45
クロス集計　98, 125, 126

け
ケースワーク　52
言語療法士　51, 52

こ
広汎性発達障害　117
高齢知的障害者　96, 97, 103, 104, 109

さ
作業療法士　51, 52, 115, 166

し
自我の強化　44
自己実現　22
自己洞察　44
二乗検定　54
社会資源　91
社会福祉教育　187
社会福祉士　71, 142, 177, 186
就労移行支援　117
就労継続支援　117
就労継続支援B型事業所　103, 104, 106, 126, 127
就労支援サービス　153
出生順位　12, 37
障害基礎年金　107
障害者雇用促進法　119, 121, 122, 123, 124, 131, 139, 149, 153, 178, 184
障害者支援施設　17, 103, 104, 105, 116, 117, 127, 132, 155
障害者自立支援法　36, 37, 116, 117, 132, 133, 134, 137, 138, 139, 184
障害者のきょうだい会　79
障害者の父親の会　16, 17
小脳失調症　46
ショートステイ　61
ジョブコーチ　140, 141, 143, 145, 155
神経性膀胱炎　105, 106, 108
心理療法　139, 153, 186

せ
精神保健福祉士ソーシャルワーカー　159

そ
躁うつ病　104
早期老化　96, 97, 103, 104, 106, 107, 108

早期老化現象　102, 108
ソーシャルインクルージョン　184
ソーシャルワーク　44

た

ターミナルケア　109
ダウン症　67, 166
ダウン症児　12, 44, 188
ダウン症者　96, 102
多重比較　54

ち

注意欠陥多動性障害　117

て

デイケア　159, 160

と

統合教育　20
統合失調症　159
導尿　108
導尿処置　106
特別支援学級　47, 48, 191
特別支援学校　116, 144, 145, 169, 185
留め置き　23, 53, 97

の

ノーマライゼーション　4, 89, 96, 116, 125, 133, 137, 138, 143, 144, 146, 156, 165, 176, 183

は

パーソナリティ障害　159
バイタルチェック　106
バリアフリー対策　106

ひ

悲嘆作業　44

否定的感情　44, 78

ふ

分散分析　24, 54, 98, 99, 101

へ

閉塞感　57

ま

マンパワー　52, 186, 192

ゆ

有意差検定　24
郵送法　97, 118, 125

よ

余暇支援　168
抑うつ感情　66
抑うつ傾向　66
抑うつ状態　66

り

リハビリテーション　139, 153, 186

ろ

老後不安　95
老人保健施設　75
老人リハビリテーションセンター　107
労働期年齢　133

編著者略歴

三原 博光（みはら ひろみつ）
県立広島大学人間福祉学科教授、社会福祉学専攻、関西学院大学大学院社会学研究科博士課程後期課程修了、ドイツ・ハノーバー大学特殊教育学部留学（ロータリー財団奨学生）、ドイツ・ケルン大学特殊教育学部留学（日本学術振興会）、日独友好賞授与、医療福祉学博士

主な著書：『超高齢社会における高齢者介護支援』監修（関西学院大学出版会）、『豊かな老後生活を目指した高齢者介護支援』編者（関西学院大学出版会）、『日本の社会福祉の現状と展望』編者（岩崎学術出版社）、『認知症高齢者の理解と援助』共著（学苑社）、『行動変容アプローチによる問題解決実践事例』単著（学苑社）、『介護の国際化』単著（学苑社）、『障害者ときょうだい』単著（学苑社）、『世界の社会福祉 ドイツ・オランダ』共著（旬報社）、『ソーシャルワーク理論を学ぶ人のために』共著（世界思想社）、『エンパワメント実践の理論と技法』共著（中央法規出版）、『医療福祉の分野と実践』共著（中央法規出版）他

主な訳書：『ドイツのソーシャルワーク』単訳（相川書房）、『ドイツの障害児家族と福祉』単訳（相川書房）、『ドイツにおける精神遅滞者への治療理論と方法』単訳（岩崎学術出版社）、『自傷行動の理解と治療』単訳（岩崎学術出版社）他

障害者家族の理解と障害者就労支援
県立広島大学での実践的試み

2016 年 2 月 10 日初版第一刷発行

著　者　三原博光

発行者　田中きく代
発行所　関西学院大学出版会
所在地　〒662-0891
　　　　兵庫県西宮市上ケ原一番町 1-155
電　話　0798-53-7002

印　刷　大和出版印刷株式会社

©2016 Hiromitsu Mihara
Printed in Japan by Kwansei Gakuin University Press
ISBN 978-4-86283-213-9
乱丁・落丁本はお取り替えいたします。
本書の全部または一部を無断で複写・複製することを禁じます。